21世纪精品教材
财务会计类

CAIWU BAOBIAO
SHENJI MONI SHIXUN

财务报表审计模拟实训

（第三版）

付　胜 主　编
刘雪清 封桂芹 副主编

东北财经
Dongbei U

图书在版编目（CIP）数据

财务报表审计模拟实训 / 付胜主编 . —3 版 . —大连 ：东北财经大学出版社，2015. 2（2018. 2 重印）
（21世纪精品教材 · 财务会计类）
ISBN 978-7-5654-1812-9

Ⅰ. 财… Ⅱ. 付… Ⅲ. 会计报表-审计-高等学校-教学参考资料
Ⅳ. F239. 1

中国版本图书馆 CIP 数据核字（2015）第 016199 号

东北财经大学出版社出版
（大连市黑石礁尖山街 217 号　邮政编码　116025）
教学支持：（0411）84710309
营 销 部：（0411）84710711
总 编 室：（0411）84710523
网　　址：http：//www. dufep. cn
读者信箱：dufep @ dufe. edu. cn

大连雪莲彩印有限公司印刷　　东北财经大学出版社发行

幅面尺寸：185mm×260mm　字数：383 千字　印张：19. 25
2015 年 2 月第 3 版　2018 年 2 月第 11 次印刷

责任编辑：张旭凤　责任校对：石杨美玲
封面设计：冀贵收　版式设计：钟福建

定价：38. 00 元

实务操作题

1.请你查看你所在的省国税局官方网站，了解国税部门是如何进行纳税申报的。

2.请你查看你所在的省或市、县地税局官方网站，了解地税部门是如何进行纳税申报的。

主要参考文献

[1] 国家税务总局．中华人民共和国税收基本法规（2012年版）[M]．北京：中国税务出版社，2012．

[2] 全国注册税务师执业资格考试教材编写组．税法（Ⅰ）[M]．北京：中国税务出版社，2016．

[3] 全国注册税务师执业资格考试教材编写组．税法（Ⅱ）[M]．北京：中国税务出版社，2016．

[4] 全国注册税务师执业资格考试教材编写组．税务代理实务 [M]．北京：中国税务出版社，2016．

[5] 国家税务总局所得税司．企业所得税法规汇编（2012年版）[M]．北京：中国税务出版社，2012．

[6] 高金平．最新税收政策疑难解析 [M]．北京：中国财政经济出版社，2012．

[7] 王碧秀．税务会计——原理、实务、案例、实训 [M]．4版．大连：东北财经大学出版社，2016．

[8] 舒文存．税收实务 [M]．北京：北京大学出版社，2006．

[9] 中国注册会计师协会．税法 [M]．北京：中国财政经济出版社，2016．

第三版前言

教育部鲁昕副部长在2014年全国职业教育工作会议上发表重要讲话，提出“要引导一批地方本科高校实行综合改革，向应用技术类型高校转型发展，从根本上解决其办学定位不清、专业特色不显、与地方经济社会发展脱节等问题”。提倡大力发展应用型高等教育已成共识，从教学层面来说，强化实务、加强实训教学则是实现转型发展目标的重要举措。

《财务报表审计模拟实训》教材自2010年出版后，有幸得到了广大使用者的认同，部分使用该教材的老师反馈，该书在一定程度上填补了审计实训教学的空白，满足了部分实际教学的需要。

在经过多次教学实践检验的基础上，我们结合使用本教材的教师的意见反馈，再一次对教材的不足之处进行了修订和完善，主要是增加了审计工作底稿填制所需要的部分原始资料，同时为方便教学，总结归纳了内容索引放于“第四单元 学习指导与参考答案”。参加本次修订的有东北财经大学职业技术学院刘雪清教授、东北财经大学会计学院研究生栾思思。

我们的想法是，让学生在校期间就可以学到与实务工作最接近的知识和技能，最大化体现专业学习价值。本教材的姐妹篇——《审计中的内部控制与控制测试》正在编写过程中，在此希望继续得到广大同仁的支持与厚爱，我们也更渴望大家能继续多提宝贵的意见或建议，使教材的编写更加完善。

编　者

2014年冬于大连

第一版前言

“审计实务”是会计、审计及相关专业的重要专业课之一，我们在多年的教学实践中，发现传统教材的教学内容很难达到预期的教学效果，大部分同学在学习完“审计实务”这门课程后，对如何进行审计工作仍是一筹莫展。因此，编写一部审计模拟实训教材一直是我们的心愿。经过几年的教学积累和探索，这本《财务报表审计模拟实训》教材终于完成了。

本教材主要特色如下：

一、会计、审计素材资料一体化

审计实训教材最大的特点是要求前期资料要相对完整，如何将会计资料与审计资料对接，是编写这类教材的难点。为此，我们在反复研究、实验的基础上，采用了简化的表现形式，将部分自制的原始凭证省略；提供部分总账、明细账资料；审计资料用文字进行了说明。在教学中，各校可根据学生的基础，通过核对前期的会计资料熟悉模拟企业的业务特点，为下一步审计工作的开展打下基础。

二、突出审计工作底稿填写的操作性

现阶段财务报表审计的程序主要包括：风险评估、控制测试和实质性程序。但是考虑到高职学生的现状及工作后的适用性，我们的教材重点突出实质性程序的应用，也就是通过填写部分审计工作底稿，进一步加深对各种审计程序的理解和掌握。

三、实训过程体现一定的职业判断能力

审计工作处处体现职业判断的思想，每一名审计人员在实务工作中，都会根据被审计单位的具体情况，运用所掌握的相关知识，选择性运用不同的审计程序，并针对不同的测试结果，得出审计结论。在教材的编写中，我们也在这方面留有一定的空间，供老师、同学们在教、学中充分发挥自己的职业判断能力。

我们在校内几个教学周期中试用了本书的蓝本，教学效果较好。整个教学过程充分地体现了以学生为主导的教学思想和方式，很多同学通过这门课程的学习，为自己找到了学好审计实务的自信心，也更加坚定了从事审计相关工作的信念。

职业教育的培养目标，就是为社会输送大量的具有一定相关职业技能的高素质人才，在我国，面对广大的从事审计工作的人才需求市场，这种模拟实训教学无疑是对职业教育的一种贡献。

由于这种教材在国内为数不多，大部分内容属于原创，想必存在许多不足，敬请广大使用者多提意见和建议，愿我们共同努力打造出一部精品教材，为我国的职业教育作出一份贡献。

本书由东北财经大学会计学院付胜任主编，东北财经大学职业技术学院刘雪清和内蒙古财经学院会计学院封桂芹任副主编。

编　者

2010 年 2 月

目　　录

关于财务报表审计学习的十点建议　⇨1

第一单元　模拟实训会计资料　⇨2

一、大华钢铁公司基本情况简介　/2

（一）机构设置　/2

（二）财务部门人员分工及银行账户信息　/2

二、企业会计核算资料　/2

（一）201×年度会计报表　/2

（二）201×年12月1日公司账户余额及本年发生额　/4

（三）201×年12月份的账簿资料　/9

（四）201×年总账余额及损益类账户发生额　/34

（五）201×年12月份经济事项、记账凭证及相关原始凭证　/36

第二单元　模拟实训审计资料　⇨147

一、销售与收款循环审计　/148

（一）“主营业务收入”审计业务相关资料　/148

（二）“应收款项”审计业务相关资料　/149

（三）“预付账款”审计业务相关资料　/154

二、购货与付款循环审计　/156

（一）“固定资产”及“累计折旧”审计相关资料　/156

（二）“应付账款”审计相关资料　/158

三、生产与存货循环审计　/158

（一）“存货”审计相关资料　/158

（二）计价测试　/160

四、货币资金审计　/160

（一）“库存现金”审计相关资料　/160

（二）“银行存款”审计相关资料　/160

五、出具审计报告　/162

第三单元　可选用的审计工作底稿　⇨164

一、销售与收款循环主要项目审计工作底稿　/164

（一）“营业收入”审计工作底稿　/164
（二）“应收账款”审计工作底稿　/164
（三）“应交税费”审计工作底稿　/164
二、购货与付款循环主要项目审计工作底稿　/164
（一）“固定资产”及“累计折旧”审计工作底稿　/164
（二）“应付账款”审计工作底稿　/165
（三）“预付账款”审计工作底稿　/165
三、生产与存货循环主要项目审计工作底稿　/165
（一）“存货”审计工作底稿　/165
（二）“生产成本”审计工作底稿　/165
四、货币资金主要项目审计工作底稿　/165
五、审计完成阶段审计工作底稿　/166

第四单元　学习指导与参考答案　⇨273
一、销售与收款循环审计学习指导　/273
（一）“营业收入”审计工作底稿　/273
（二）“应收账款”审计工作底稿　/274
（三）“应交税费”审计工作底稿　/275
二、采购与付款循环审计学习指导　/276
（一）“固定资产”审计工作底稿　/276
（二）“应付账款”审计工作底稿　/277
（三）“预付账款”审计工作底稿　/277
三、生产与存货循环审计学习指导　/278
（一）“存货”审计工作底稿　/278
（二）“生产成本”审计工作底稿　/279
四、货币资金审计学习指导　/282
五、审计完成阶段学习指导　/283
（一）调整事项　/283
（二）资产负债表试算平衡表　/285
（三）利润表试算平衡表　/287

索　引　⇨290

关于财务报表审计学习的十点建议

1. 从事审计工作必须掌握会计及相关专业知识，因此，学习审计之前的专业基础很重要。

2. 实务工作与学校教学有一定的差距，我们的意图就是要缩小这个差距。

3. 一般的审计实务教材中的审计程序，都是用文字表述的，初学者不易理解。 而用填写审计工作底稿的方式，便于学生将抽象的概念转换为实际的操作技能。

4. 审计工作需要大量的职业判断，在学习中要多思考、多讨论，集体的智慧是无穷的。

5. 受到教材篇幅的限制，本书提供的会计信息和相关资料是有限的，要注意触类旁通，灵活运用。

6. 从事审计工作具有一定的挑战性，不仅要有专业知识，更要有职业道德。

7. 我们的答案仅供参考，仁者见仁，智者见智。

8. 只要将这套实训完整地做下来，相信你的收获是巨大的。

9. 使用这本教材要求师生互动，以学生为课堂的主体，教师则起引领的作用。

10. 今天的校内模拟实训，是为了明天在工作岗位上学以致用，走出一条平坦的职业生涯之路。

第一单元

模拟实训会计资料

一、大华钢铁公司基本情况简介

（一）机构设置

该公司注册资本1 500万元，现有职工510人，主要生产各种型号的钢材。年生产量10万吨，本月生产5 200吨。公司设有三个基本生产车间：炼铁车间、炼钢车间、轧钢车间。公司设有两个辅助生产车间：机修车间、供电车间。全公司的用车由公司总部管理，公司用车分为生产经营用和办公用，相关费用分别计入销售费用和管理费用。

大华钢铁公司法人代表：蒋平

（二）财务部门人员分工及银行账户信息

财务部负责人：石骏　　会计：张宏　刘洋　江峰　　出纳：林立　黄鹏丽

地址：北京市滨湖路28号　　电话：010-55681153

开户银行及账号：中国工商银行滨湖支行 0001-84497877

二、企业会计核算资料

（一）201×年度会计报表

资产负债表

会企01表

编制单位：大华钢铁公司　　201×[①] 年 12 月 31 日　　单位：元

资　产	期末余额	年初余额	负债和所有者权益（或股东权益）	期末余额	年初余额
流动资产：			流动负债：		
货币资金	6 202 696.73	1 422 290.00	短期借款	5 350 000.00	7 350 000.00
交易性金融资产	120 000.00	120 000.00	交易性金融负债		
应收票据	2 521 680.00	2 071 680.00	应付票据	1 925 480.00	116 000.00
应收账款	1 992 258.00	816 000.00	应付账款	7 943 240.80	6 343 220.00
预付款项	131 250.00	2 250 000.00	预收款项	4 289 700.00	3 256 780.00

① 以下涉及年份时以201×年为基准年，下一年为201×+1年，以此类推。

续表

资　产	期末余额	年初余额	负债和所有者权益（或股东权益）	期末余额	年初余额
应收利息	50 000.00		应付职工薪酬	2 539 269.06	2 380 000.00
应收股利			应交税费	3 887 893.30	272 150.00
其他应收款	25 428.55	23 500.00	应付利息	-4 450.00	
存货	26 029 215.42	25 248 068.00	应付股利	1 151 742.04	
一年内到期的非流动资产			其他应付款	474 204.12	282 000.00
其他流动资产			一年内到期的非流动负债		
流动资产合计	37 072 528.70	31 951 538.00	其他流动负债		
非流动资产：			流动负债合计	27 557 079.32	20 000 150.00
可供出售的金融资产			非流动负债：		
持有至到期投资	701 600.00		长期借款	7 018 490.00	6 600 000.00
长期应收款			应付债券	1 050 000.00	3 600 000.00
长期股权投资	475 000.00	8 200 000.00	长期应付款	1 255 875.00	
投资性房地产			专项应付款		8 107 213.00
固定资产	20 969 996.10	12 353 524.60	预计负债	260 000.00	
在建工程	2 099 884.44	667 000.00	递延所得税负债		
工程物资	40 000.00	40 000.00	其他非流动负债		
固定资产清理			非流动负债合计	9 584 365.00	10 200 000.00
生产性生物资产			负债合计	37 152 124.42	30 200 150.00
油气资产			所有者权益（或股东权益）：		
无形资产	251 453.33	228 000.00	实收资本（或股本）	5 000 000.00	5 000 000.00
开发支出			资本公积	1 100 000.00	1 228 000.00
商誉			减：库存股		
长期待摊费用	84 766.67	4 800.00	盈余公积	9 003 389.26	4 409 499.60
递延所得税资产			未分配利润	9 450 395.66	4 500 000.00
其他非流动资产			所有者权益（或股东权益）合计	24 553 784.92	23 244 712.60
非流动资产合计	24 622 700.54	21 493 324.60			
资产总计	61 695 229.24	53 444 862.60	负债和所有者权益（或股东权益）总计	61 695 229.24	53 444 862.60

利润表

会企 02 表

编制单位：大华钢铁公司　　201×年度　　单位：元

项　　目	本期金额	上期金额
一、营业收入	73 220 100.00	61 914 960.00
减：营业成本	45 354 170.03	42 004 586.23
税金及附加	11 034 177.20	9 379 050.62
销售费用	537 875.00	430 300.00
管理费用	5 854 116.47	5 955 814.64
财务费用	6 925 365.87	5 748 053.67
资产减值损失	154 641.05	146 471.80
加：公允价值变动收益（损失以“-”号填列）		
投资收益（损失以“-”号填列）	9 190 000.00	10 029 000.00
其中：对联营企业和合营企业的投资收益		
二、营业利润（亏损以“-”号填列）	12 549 754.38	8 279 683.04
加：营业外收入	964 463.50	1 238 397.55
减：营业外支出	849 854.24	621 850.92
三、利润总额（亏损以“-”号填列）	12 664 363.64	8 896 229.67
减：所得税费用	3 307 803.13	2 224 057.42
四、净利润（净亏损以“-”号填列）	9 356 560.51	6 672 172.25
五、每股收益		
（一）基本每股收益		
（二）稀释每股收益		

（二）201×年12月1日公司账户余额及本年发生额

201×年12月1日资产负债表账户余额

名　　称	金额（元）
货币资金	1 526 790.00
其中：库存现金	16 000.00
银行存款	1 490 790.00
其他货币资金	20 000.00
交易性金融资产	120 000.00
应收票据	450 000.00
应收账款	958 000.00
其中：光彩矿石厂	38 000.00

续表

名　　称	金额（元）
前程建筑公司	300 000.00
大成建设公司	100 000.00
华钢工贸股份有限公司	520 000.00
坏账准备	96 507.40
其他应收款	23 500.00
预付账款	3 100 000.00
其中：山西大同矿	600 000.00
鞍山矿	2 500 000.00
存货	25 729 768.00
其中：材料采购	197 400.00
原材料	14 598 150.00
周转材料	87 500.00
材料成本差异	469 670.00
自制半成品	910 400.00
库存商品	5 247 000.00
委托加工物资	30 000.00
生产成本	4 065 648.00
发出商品	124 000.00
存货跌价准备	131 400.00
长期股权投资	2 300 000.00
其中：长期股权投资（宏谊金属有限公司5%股权）	300 000.00
持有至到期投资	2 000 000.00
长期股权投资减值准备	120 000.00
长期待摊费用	53 000.00
固定资产原价	70 670 000.00
累计折旧	48 796 000.00
固定资产减值准备	1 258 000.00
工程物资	40 000.00
在建工程	820 000.00
在建工程减值准备	0
固定资产清理	0

续表

名　　称	金额（元）
无形资产	228 000.00
无形资产减值准备	0
短期借款	5 350 000.00
应付票据	116 000.00
应付账款	7 854 500.00
其中：华钢工贸股份有限公司	7 820 000.00
长江公司	34 500.00
预收账款	4 289 700.00
其中：上海钢铁集团	4 289 700.00
应付职工薪酬	2 680 000.00
应交税费	283 025.00
其中：未交增值税	250 000.00
其他应付款	342 000.00
长期借款	3 956 000.00
应付债券	1 022 000.00
其他长期负债	0
实收资本	5 000 000.00
资本公积	1 100 000.00
盈余公积	6 664 249.13
未分配利润	16 959 676.47

201×年 11 月 30 日利润表账户本年累计发生额

名　　称	金额（元）
主营业务收入	64 842 300.00
主营业务成本	38 940 000.00
税金及附加	11 003 192.90
其他业务收入	1 320 000.00
其他业务成本	405 835.03
销售费用	428 000.00
管理费用	5 630 000.00
财务费用	6 790 000.00
投资收益	9 060 000.00
营业外收入	952 613.50
营业外支出	518 209.10
利润总额	12 459 676.47

注：本企业采用表结法，1—11 月的利润总额已计入 11 月 30 日资产负债表的利润分配项目。

201×年 1-11 月营业收入明细表

单位：元

会计科目 \ 明细科目	1月	2月	3月	4月	5月	6月	7月	8月	9月	10月	11月	发生额（1—11月）
主营业务收入	6 361 608.00	7 219 782.00	6 162 989.00	3 326 227.00	6 470 737.00	5 941 751.00	7 493 894.00	4 804 087.00	4 290 513.00	6 643 468.00	6 127 244.00	64 842 300.00
螺纹钢	1 280 000.00	768 000.00	1 920 000.00	640 000.00	512 000.00	1 792 000.00	1 408 000.00	1 152 000.00	384 000.00	896 000.00	2048 000.00	12 800 000.00
钢坯	2 250 000.00	750 000.00	2 100 000.00	900 000.00	1 500 000.00	1 650 000.00	450 000.00	1 350 000.00	1 050 000.00	2 400 000.00	600 000.00	15 000 000.00
高速线材	2 249 860.00	3 374 790.00	1 124 930.00	1 349 916.00	3 149 804.00	899 944.00	3 599 776.00	1 574 902.00	674 958.00	2 474 846.00	2 024 874.00	22 498 600.00
普通线材	581 748.00	2 326 992.00	1 018 059.00	436 311.00	1 308 933.00	1 599 807.00	2 036 118.00	727 185.00	2 181 555.00	872 622.00	1 454 370.00	14 543 700.00
其他业务收入	132 000.00	79 200.00	198 000.00	66 000.00	184 800.00	145 200.00	118 800.00	39 600.00	92 400.00	211 200.00	52 800.00	1 320 000.00
设备安装	132 000.00	79 200.00	198 000.00	66 000.00	184 800.00	145 200.00	118 800.00	39 600.00	92 400.00	211 200.00	52 800.00	1 320 000.00
废钢	0	0	0	0	0	0	0	0	0	0	0	0
房租收入	0	0	0	0	0	0	0	0	0	0	0	0
合 计	6 493 608.00	7 298 982.00	6 360 989.00	3 392 227.00	6 655 537.00	6 086 951.00	7 612 694.00	4 843 687.00	4 382 913.00	6 854 668.00	6 180 044.00	66 162 300.00

4. 其他部分明细账期初余额

原材料、辅助材料明细账余额

201×年 12 月 1 日

金额单位：元

材料名称	规格、型号	结存数量	计划单价	结存金额
铁矿石	66%	3 000 吨	800.00	2 400 000.00
石灰石		4 000 吨	125.00	500 000.00
煤		5 000 吨	350.00	1 750 000.00
废钢	6 ~ 8mm	1 000 吨	1 900.00	1 900 000.00
焦炭		800 吨	2 522.00	2 017 600.00
锰铁	65#	150 吨	6 600.00	990 000.00
硅铁	72#	150 吨	6 000.00	900 000.00
重油		700 吨	1 450.00	1 015 000.00
白云石		10 000 吨	230.50	2 305 000.00
小　计				13 777 600.00
中轧辊	¢500	50 吨	2 300.00	115 000.00
镀锌铁丝	20#	1 000 千克	3.80	3 800.00
镀锌铁丝	16#	500 千克	3.50	1 750.00
机油	美孚合成 1#　4L	2 000 升	350.00	700 000.00
小　计				820 550.00
合　计				14 598 150.00

周转材料明细账余额

201×年 12 月 1 日

金额单位：元

材料名称	规格、型号	结存数量	计划单价	结存金额
劳动保护用品	工作服	300 套	200.00	60 000.00
	工作鞋	200 双	68.00	13 600.00
	手套	500 付	15.00	7 500.00
	保护眼镜	120 付	45.00	5 400.00
	毛巾	200 条	5.00	1 000.00
合　计				87 500.00

库存商品、自制半成品明细账余额

201×年 12 月 1 日

金额单位：元

商品名称	规格、型号	结存数量	单位成本	结存金额
高速线材	¢6.5mm	350 吨	3 500.00	1 225 000.00
普通线材	¢8mm	500 吨	3 800.00	1 900 000.00
螺纹钢	¢12mm	260 吨	3 100.00	806 000.00
螺纹钢	¢25 mm	400 吨	3 290.00	1 316 000.00
小　计				5 247 000.00
钢坯	95#	300 吨	2 320.00	696 000.00
钢坯	120#	80 吨	2 680.00	214 400.00
小　计				910 400.00
合　计				6 157 400.00

生产成本明细账余额

201×年 12 月 1 日　　　　单位：元

车间＼成本项目	直接材料	直接人工	其他直接费用	制造费用	在产品成本
炼铁车间	2 560 000.00	93 200.00	13 048.00	186 700.00	2 852 948.00
炼钢车间	823 000.00	74 000.00	10 360.00	146 640.00	1 054 000.00
轧钢车间	65 400.00	30 800.00	4 312.00	58 188.00	158 700.00
合　计					4 065 648.00

(三) 201×年 12 月份的账簿资料

1. 大华钢铁公司明细账（部分）

明　细　账

会计科目：其他应收款　　明细科目：备用金　　子目

201×年 月	日	凭证号数	摘　要	借　方	贷　方	核对号	借或贷	余　额
12	1		期初余额				借	23 500.00
12	1	现收 1	张玉报销		3 500.00		借	20 000.00
12	27	现付 3	王佳借差旅费	5 000.00			借	25 000.00
12	31		本月合计	5 000.00	3 500.00			

明　细　账

会计科目：应收账款　　明细科目：为民钢材公司　　子目

201×年 月	日	凭证号数	摘　要	借　方	贷　方	核对号	借或贷	余　额
12	1		期初余额					0
12	3	转 6	收回已转销的坏账	20 000.00			借	20 000.00
12	3	银收 2	收回坏账		20 000.00		平	0
12	31		本月合计	20 000.00	20 000.00			

明　细　账

会计科目：应收账款　　明细科目：华钢工贸　　子目

201×年 月	日	凭证号数	摘　要	借　方	贷　方	核对号	借或贷	余　额
12	1		期初余额				借	520 000.00
12	8	转 20	销售商品	842 400.00			借	1 362 400.00
12	20	银收 10、转 32	收到货款		842 400.00		借	520 000.00
12	22	转 35	销售商品	1 393 470.00			借	1 913 470.00
12	22	转 35	代销手续费		59 550.00		借	1 853 920.00
12	31		本月合计	2 235 870.00	901 950.00			

明　细　账

会计科目：应收账款　　明细科目：大成建设　　子目

201×年 月	日	凭证号数	摘　要	借　方	贷　方	核对号	借或贷	余　额
12	1		期初余额				借	100 000.00
12	8	转 18	销售商品	245 700.00			借	345 700.00
12	8	银付 16	代垫运费	14 000.00			借	359 700.00
12	31		本月合计	259 700.00	0			

明 细 账

会计科目：应收账款　　明细科目：前程建筑　　子目＿＿＿＿

201× 年		凭证号数	摘 要	借 方	贷 方	核对号	借或贷	余 额
月	日							
12	1		期初余额				借	300 000.00
12	5	转 12	债务重组		300 000.00		平	0
12	31		本月合计		300 000.00			

明 细 账

会计科目：应收账款　　明细科目：沈阳漫源　　子目＿＿＿＿

201× 年		凭证号数	摘 要	借 方	贷 方	核对号	借或贷	余 额
月	日							
12	1		期初余额				平	0
12	4	转 7	销售商品	889 200.00			借	889 200.00
12	4	银付 4	代垫运费	5 000.00			借	894 200.00
12	9	银收 4	收回货款		894 200.00		平	0
12	31		本月合计	894 200.00	894 200.00			

明 细 账

会计科目：应收账款　　明细科目：光彩矿石　　子目＿＿＿＿

201× 年		凭证号数	摘 要	借 方	贷 方	核对号	借或贷	余 额
月	日							
12	1		期初余额				借	38 000.00
12	3	转 5	核销坏账		38 000.00		平	0
12	31		本月合计		38 000.00			

明 细 账

会计科目：坏账准备　　明细科目：应收账款　　子目＿＿＿＿

201× 年		凭证号数	摘 要	借 方	贷 方	核对号	借或贷	余 额
月	日							
12	1		期初余额				贷	95 800.00
12	3	转 5	核销坏账	38 000.00			贷	57 800.00
12	3	转 6	收回坏账		20 000.00		贷	77 800.00
12	6	转 12	债务重组	5 000.00			贷	72 800.00
12	31	转 44	计提		148 562.00		贷	221 362.00
12	31		本月合计	43 000.00	168 562.00			

明 细 账

会计科目：坏账准备　　明细科目：其他应收款　　子目

201×年 月	日	凭证号数	摘 要	借 方	贷 方	核对号	借或贷	余 额
12	1		期初余额				贷	707.40
12	31	转 44	计提		79.05		贷	786.45
12	31		本月合计	0	79.05			

明 细 账

会计科目：应付账款　　明细科目：大同矿　　子目

201×年 月	日	凭证号数	摘 要	借 方	贷 方	核对号	借或贷	余 额
12	1		期初余额				平	0
12	10	转 22	采购石灰石		138 638.00		贷	138 638.00
12	31		本月合计	0	138 638.00			

明 细 账

会计科目：应付账款　　明细科目：长江公司　　子目

201×年 月	日	凭证号数	摘 要	借 方	贷 方	核对号	借或贷	余 额
12	1		期初余额				贷	34 500.00
12	21	银付 26	债务重组	24 150.00			贷	10 350.00
12	21	转 34	债务重组	10 350.00			平	0
12	31		本月合计	34 500.00	0			

明 细 账

会计科目：应付账款　　明细科目：上海钢铁集团　　子目

201×年 月	日	凭证号数	摘 要	借 方	贷 方	核对号	借或贷	余 额
12	1		期初余额				平	0
12	5	转 11	材料短缺	15 397.20			借	15 397.20
12	31		本月合计	15 397.20	0			

明 细 账

会计科目：应付账款　　明细科目：华钢工贸　　子目

201×年 月	日	凭证号数	摘 要	借 方	贷 方	核对号	借或贷	余 额
12	1		期初余额				贷	7 820 000.00
12	7	转 14	采购焦炭		1 462 500.00		贷	9 282 500.00
12	8	转 17	开具票据	1 462 500.00			贷	7 820 000.00
12	31		本月合计	1 462 500.00	1 462 500.00			

明 细 账

会计科目：预付账款　　明细科目：鞍山矿　　子目

201×年 月	日	凭证号数	摘　要	借　方	贷　方	核对号	借或贷	余　额
12	1		期初余额				借	2 500 000.00
12	7	转 16	采购铁矿石		2 383 450.00		借	116 550.00
12	31		本月合计	0	2 383 450.00			

明 细 账

会计科目：预付账款　　明细科目：山西大同矿　　子目

201×年 月	日	凭证号数	摘　要	借　方	贷　方	核对号	借或贷	余　额
12	1		期初余额				借	600 000.00
12	3	转 3-1/2	采购焦炭		585 300.00		借	14 700.00
12	31		本月合计	0	585 300.00			

明 细 账

会计科目：应交税费　　税目：增值税　　子目

201×年		凭证号数	摘　要	借　方			贷　方			余　额
月	日			进项税	本期已交	合计	销项税	进项税转出	合计	
12	1		期初余额							250 000.00
12	31		本月合计	796 378.40	250 000.00		1 092 250.00	5 709.99		301 581.59

明 细 账

会计科目：主营业务收入　　明细科目：螺纹钢　　子目

201×年 月	日	凭证号数	摘　要	借　方	贷　方	核对号	借或贷	余　额
12	4	转 7	销售		760 000.00		贷	760 000.00
12	8	转 18	销售		210 000.00		贷	970 000.00
12	8	转 20	销售		720 000.00		贷	1 690 000.00
12	31	转 61	本月结转	1 690 000.00			平	0
12	31		本月合计	1 690 000.00	1 690 000.00			

明 细 账

会计科目：主营业务收入　　明细科目：钢坯　　子目

201×年 月	日	凭证号数	摘　要	借　方	贷　方	核对号	借或贷	余　额
12	10	银收 5	销售		600 000.00		贷	600 000.00
12	31	转 61	本月结转	600 000.00			平	0
12	31		本月合计	600 000.00	600 000.00			

明　细　账

会计科目：主营业务收入　　明细科目：高速线材　　子目

201×年		凭证号数	摘　要	借　方	贷　方	核对号	借或贷	余　额
月	日							
12	22	转 35	代销		1 191 000.00		贷	1 191 000.00
12	31	转 61	本月结转	1 191 000.00			平	0
12	31		本月合计	1 191 000.00	1 191 000.00			

明　细　账

会计科目：主营业务收入　　明细科目：普通线材　　子目

201×年		凭证号数	摘　要	借　方	贷　方	核对号	借或贷	余　额
月	日							
12	24	转 36	销售		1 804 000.00		贷	1 804 000.00
12	31	转 61	本月结转	1 804 000.00			平	0
12	31		本月合计	1 804 000.00	1 804 000.00			

明　细　账

会计科目：其他业务收入　　明细科目：销售安装 C 工程　　子目

201×年		凭证号数	摘　要	借　方	贷　方	核对号	借或贷	余　额
月	日							
12	25	转 37	销售安装 C 设备		660 000.00		贷	660 000.00
12	31	转 61	本月结转	660 000.00			平	0
12	31		本月合计	660 000.00	660 000.00			

明　细　账

会计科目：其他业务收入　　明细科目：废钢调剂销售　　子目

201×年		凭证号数	摘　要	借　方	贷　方	核对号	借或贷	余　额
月	日							
12	12	银收 7	废钢调剂销售		1 100 000.00		贷	1 100 000.00
12	31	转 61	本月结转	1 100 000.00			平	0
12	31		本月合计	1 100 000.00	1 100 000.00			

明　细　账

会计科目：其他业务收入　　明细科目：房租收入　　子目

201×年		凭证号数	摘　要	借　方	贷　方	核对号	借或贷	余　额
月	日							
12	28	银收 11	收到房租收入		12 800.00		贷	12 800.00
12	31	转 61	本月结转	12 800.00			平	0
12	31		本月合计	12 800.00	12 800.00			

库存现金日记账

201×年		凭证号数	结算种类	摘要	存入	支出	核对号	结余
月	日							
12	1			期初余额				16 000.00
12	1	现收1	略	报差旅费	500.00			16 500.00
12	8	银付15		提取现金	6 000.00			22 500.00
12	10	银付20		提取现金	150 000.00			172 500.00
12	10	现付1		支付职工工资		150 000.00		22 500.00
12	20	现付2		支付未领工资		1 350.00		21 150.00
12	27	现付3		借差旅费		5 000.00		16 150.00
12	31			本月合计	156 500.00	156 350.00		

银行存款日记账

201×年		凭证号数	结算种类	摘要	存入	支出	核对号	结余
月	日							
12	1			期初余额				1 490 790.00
12	1	银收1	略	取得长期借款	3 000 000.00			4 490 790.00
12	1	银付1		付工程款		1 000 000.00		3 490 790.00
12	2	银付2		办理汇票		150 000.00		3 340 790.00
12	3	银付3		对外投资		300 000.00		3 040 790.00
12	3	银收2		收回坏账	20 000.00			3 060 790.00
12	4	转10		非货币性交易	3 200.00			3 063 990.00
12	4	银付4		代垫运费		5 000.00		3 058 990.00
12	4	银付5		支付话费		23 000.00		3 035 990.00
12	5	银付6		购料		4 827.90		3 031 162.10
12	5	银付7		债务重组		12 000.00		3 019 162.10
12	5	银付8		采购机油		173 160.00		2 846 002.10
12	5	银付9		付油费		16 380.00		2 829 622.10
12	5	银付10		付消防费		40 600.00		2 789 022.10
12	6	银收3		收回投资	1 680 000.00			4 469 022.10
12	6	银付11		购债券		301 600.00		4 167 422.10
12	6	银付12		付运费		6 800.00		4 160 622.10
				(以下略)				
12	20	银收10		收到货款	833 976.00			6 732 256.23
12	21	银付26		债务重组		24 150.00		6 708 106.23
12	24	银付27		代垫运费		50 000.00		6 658 106.23
12	26	银付28		支付利息		46 800.00		6 611 306.23
12	27	银付29		支付电费		152 006.40		6 459 299.83
12	28	银付30		支付水费		445 200.00		6 014 099.83
12	28	银收11		收到租金	12 800.00			6 016 546.73
12	31			本月合计	8 524 549.13	3 978 086.20		

注：存货采用先进先出法计价；周转材料明细账略。

原材料明细账

名称：石灰石　　规　　格：________　　
编号：001　　计量单位：吨　　计划价格：125.00　　分页：________

201×年		凭证号数	摘要	借方			贷方			核对号	余额		
月	日			数量	单价	金额	数量	单价	金额		数量	单价	金额
12	1		期初余额								4 000		500 000.00
12	3	转2	生产领用				3 000		375 000.00		1 000		125 000.00
12	10	转22	购入	1 000		125 000.00					2 000		250 000.00
12	15	转31	生产领用				2 000		250 000.00		0		0
12	31		本月合计	1 000		12 500.00	5 000		625 000.00				

原材料明细账

名称：铁矿石　　规　　格：66%　　
编号：002　　计量单位：吨　　计划价格：800.00　　分页：________

201×年		凭证号数	摘要	借方			贷方			核对号	余额		
月	日			数量	单价	金额	数量	单价	金额		数量	单价	金额
12	1		期初余额								3 000		2 400 000.00
12	3	转2	生产领用				3 000		2 400 000.00		0		0
12	7	转16	购入	2 497		1 997 600.00					2 497		1 997 600.00
12	15	转31	生产领用				2 000		1 600 000.00		497		397 600.00
12	31		本月合计	2 497		1 997 600.00	5 000		4 000 000.00				

原材料明细账

名称：煤　　规　　格：________　　
编号：003　　计量单位：吨　　计划价格：350.00　　分页：________

201×年		凭证号数	摘要	借方			贷方			核对号	余额		
月	日			数量	单价	金额	数量	单价	金额		数量	单价	金额
12	1		期初余额								5 000		1 750 000.00
12	3	转2	生产领用				3 500		1 225 000.00		1 500		525 000.00
12	15	转31	生产领用				1 500		525 000.00		0		0
12	31		本月合计	0		0	5 050		1 750 000.00				

原材料明细账

名称：废钢　　规　格：6～8mm

编号：004　　计量单位：吨　　计划价格：1 900.00　　分页：

201×年		凭证号数	摘要	借方			贷方			核对号	余额		
月	日			数量	单价	金额	数量	单价	金额		数量	单价	金额
12	1		期初余额								1 000		1 900 000.00
12	11	转26	出售				500		950 000.00		500		950 000.00
12	31		本月合计	0		0	500		950 000.00				

原材料明细账

名称：焦炭　　规　格：

编号：005　　计量单位：吨　　计划价格：2 522.00　　分页：

201×年		凭证号数	摘要	借方			贷方			核对号	余额		
月	日			数量	单价	金额	数量	单价	金额		数量	单价	金额
12	1		期初余额								800		2 017 600.00
12	3	转2	生产领用				500		1 261 000.00		300		756 600.00
12	3	转3	购入	200		504 400.00					500		1 261 000.00
12	6	转15	购入	499.5		1 259 739.00					999.5		2 520 739.00
12	15	转31	生产领用				500		1 261 000.00		499.5		1 259 739.00
12	31		本月合计	699.5		1 764 139.00	1 000		2 522 000.00				

原材料明细账

名称：锰铁　　规　格：65#

编号：006　　计量单位：吨　　计划价格：6 600.00　　分页：

201×年		凭证号数	摘要	借方			贷方			核对号	余额		
月	日			数量	单价	金额	数量	单价	金额		数量	单价	金额
12	1		期初余额								150		990 000.00
12	3	转2	生产领用				100		660 000.00		50		330 000.00
12	6	转11	购入	28		184 800.00					78		514 800.00
12	15	转31	生产领用				20		132 000.00		58		382 800.00
12	31		本月合计	28		184 800.00	120		792 000.00				

原材料明细账

名称：硅铁　　规　格：72#

编号：007　　计量单位：吨　　计划价格：6 000.00　　分页：

201×年		凭证号数	摘要	借方			贷方			核对号	余额		
月	日			数量	单价	金额	数量	单价	金额		数量	单价	金额
12	1		期初余额								150		900 000.00
12	3	转2	生产领用				120		720 000.00		30		180 000.00
12	15	转31	生产领用				30		180 000.00		0		0
12	31		本月合计	0		0	150		900 000.00				

原材料明细账

名称：重油　　规　　格：______
编号：008　　计量单位：吨　　计划价格：1 450.00　　分页：______

201×年		凭证号数	摘要	借方			贷方			核对号	余额		
月	日			数量	单价	金额	数量	单价	金额		数量	单价	金额
12	1		期初余额								700		1 015 000.00
12	3	转2	生产领用				500		725 000.00		200		290 000.00
12	12	转25	购入	200		290 000.00					400		580 000.00
12	15	转31	生产领用				300		435 000.00		100		145 000.00
12	31		本月合计	200		290 000.00	800		1 160 000.00				

原材料明细账

名称：白云石　　规　　格：______
编号：009　　计量单位：吨　　计划价格：230.50　　分页：______

201×年		凭证号数	摘要	借方			贷方			核对号	余额		
月	日			数量	单价	金额	数量	单价	金额		数量	单价	金额
12	1		期初余额								10 000		2 305 000.00
12	31		本月合计	0		0	0		0		10 000		2 305 000.00

原材料明细账

名称：中轧辊　　规　　格：______
编号：01　　计量单位：吨　　计划价格：2 300.00　　分页：______

201×年		凭证号数	摘要	借方			贷方			核对号	余额		
月	日			数量	单价	金额	数量	单价	金额		数量	单价	金额
12	1		期初余额								50		115 000.00
12	3	转4	生产领用				20		46 000.00		30		69 000.00
12	31		本月合计	0		0	20		46 000.00				

原材料明细账

名称：镀锌铁丝　　规　　格：20#
编号：02　　计量单位：千克　　计划价格：3.80　　分页：______

201×年		凭证号数	摘要	借方			贷方			核对号	余额		
月	日			数量	单价	金额	数量	单价	金额		数量	单价	金额
12	1		期初余额								1 000		3 800.00
12	3	转4	生产领用				1 000		3 800.00				
12	5	转9	购入	1 000		3 800.00					1 000		3 800.00
12	31		本月合计	1 000		3 800.00	1 000		3 800.00				

原材料明细账

名称：镀锌铁丝　　规　格：16#
编号：03　　计量单位：千克　　计划价格：3.50　　分页：

201×年		凭证号数	摘要	借方			贷方			核对号	余额		
月	日			数量	单价	金额	数量	单价	金额		数量	单价	金额
12	1		期初余额								500		1 750.00
12	31		本月合计	0		0	0		0				

原材料明细账

名称：机油　　规　格：美孚合成1# 4L
编号：04　　计量单位：升　　计划价格：350.00　　分页：

201×年		凭证号数	摘要	借方			贷方			核对号	余额		
月	日			数量	单价	金额	数量	单价	金额		数量	单价	金额
12	1		期初余额								2 000		700 000.00
12	3	转4	生产领用				600		210 000.00		1 400		490 000.00
12	5	转13	购入	400		140 000.00					1 800		630 000.00
12	31	转58	盘亏				50		17 500.00		1 750		612 500.00
12	31		本月合计	400		140 000.00	650		227 500.00				

周转材料明细账

名称：劳动保护用品　　规　格：工作服
编号：1　　计量单位：套　　计划价格：200.00　　分页：

201×年		凭证号数	摘要	借方			贷方			核对号	余额		
月	日			数量	单价	金额	数量	单价	金额		数量	单价	金额
12	1		期初余额								300		60 000.00
12	11	转27	生产领用				206		41 200.00		94		18 800.00
12	31		本月合计	0		0	206		41 200.00				

周转材料明细账

名称：劳动保护用品　　规　格：工作鞋
编号：2　　计量单位：双　　计划价格：68.00　　分页：

201×年		凭证号数	摘要	借方			贷方			核对号	余额		
月	日			数量	单价	金额	数量	单价	金额		数量	单价	金额
12	1		期初余额								200		13 600.00
12	11	转27	生产领用				196		13 328.00		4		272.00
12	31		本月合计	0		0	196		13 328.00				

周转材料明细账

名称：劳动保护用品　　规　格：手套

编号：3　　计量单位：付　　计划价格：15.00　　分页：

201×年		凭证号数	摘要	借方			贷方			核对号	余额		
月	日			数量	单价	金额	数量	单价	金额		数量	单价	金额
12	1		期初余额								500		7 500.00
12	11	转27	生产领用				244		3 660.00		256		3 840.00
12	31		本月合计	0		0	244		3 660.00				

周转材料明细账

名称：劳动保护用品　　规　格：保护眼镜

编号：4　　计量单位：副　　计划价格：45.00　　分页：

201×年		凭证号数	摘要	借方			贷方			核对号	余额		
月	日			数量	单价	金额	数量	单价	金额		数量	单价	金额
12	1		期初余额								120		5 400.00
12	11	转27	本月领用				86		3 870.00		34		1 530.00
12	31		本月合计	0		0	86		3 870.00				

周转材料明细账

名称：劳动保护用品　　规　格：毛巾

编号：5　　计量单位：条　　计划价格：5.00　　分页：

201×年		凭证号数	摘要	借方			贷方			核对号	余额		
月	日			数量	单价	金额	数量	单价	金额		数量	单价	金额
12	1		期初余额								200		1 000.00
12	11	转27	生产领用				160		800.00		40		200.00
12	31		本月合计	0		0	160		800.00				

库存商品明细账

名称：高速线材　　规　格：6.5mm

编号：0001　　计量单位：吨　　计划价格：　　分页：

201×年		凭证号数	摘要	借方			贷方			核对号	余额		
月	日			数量	单价	金额	数量	单价	金额		数量	单价	金额
12	1		期初余额								350	3 500.00	1 225 000.00
12	5	转10	非货币性交易				10	3 500.00	35 000.00		340	3 500.00	1 190 000.00
12	13	转28	销售				300	3 500.00	1 050 000.00		40	3 500.00	140 000.00
12	31	转48	完工入库	3 000	3 516.86	10 550 580.00					40 3 000	3 500.00 3 516.86	10 690 580.00
12	31		本月合计	3 000		10 550 580.00	310		1 085 000.00				

库存商品明细账

名称：普通线材　　规　格：8mm

编号：0002　　计量单位：吨　　计划价格：________　　分页：________

201×年		凭证号数	摘要	借方			贷方			核对号	余额		
月	日			数量	单价	金额	数量	单价	金额		数量	单价	金额
12	1		期初余额								500	3 800.00	1 900 000.00
12	31	转53	结转销售成本				400	3 800.00	1 520 000.00		100	3 800.00	380 000.00
12	31		本月合计	0		0	400	3 800.00	1 520 000.00				

库存商品明细账

名称：螺纹钢　　规　格：12mm

编号：0003　　计量单位：吨　　计划价格：________　　分页：________

201×年		凭证号数	摘要	借方			贷方			核对号	余额		
月	日			数量	单价	金额	数量	单价	金额		数量	单价	金额
12	1		期初余额								260	3 100.00	806 000.00
12	9	转18	销售				100	3 100.00	310 000.00		160	3 100.00	496 000.00
12	31	转48	完工入库	2 000	3 546.92	7 093 840.00					160 2 000	3 100.00 3 546.92	7 589 840.00
12	31	转59	盘盈库存商品	2	3 100.00	6 200.00					162 2 000	3 100.00 3 546.92	7 596 040.00
12	31		本月合计	2 002		7 100 040.00	100	3 100.00	310 000.00				

库存商品明细账

名称：螺纹钢　　规　格：25mm

编号：0004　　计量单位：吨　　计划价格：________　　分页：________

201×年		凭证号数	摘要	借方			贷方			核对号	余额		
月	日			数量	单价	金额	数量	单价	金额		数量	单价	金额
12	1		期初余额								400	3 290.00	1 316 000.00
12	31	转53	结转销售成本				200	3 290.00	658 000.00		200	3 290.00	658 000.00
12	31	转53	结转销售成本				200	3 290.00	658 000.00		0		0
12	31		本月合计	0		0	400		1 316 000.00				

库存商品明细账

名称：花纹板　　规　格：30mm

编号：0005　　计量单位：吨　　计划价格：________　　分页：________

201×年		凭证号数	摘要	借方			贷方			核对号	余额		
月	日			数量	单价	金额	数量	单价	金额		数量	单价	金额
12	1		期初余额								0		0
12	31	转33	验收入库	20	3 470.00	69 400.00					20	3 470.00	69 400.00
12	31		本月合计	20		69 400.00	0		0				

自制半成品明细账

名称：钢坯　　规　格：95#
编号：0006　　计量单位：吨　　计划价格：　　分页：

201×年		凭证号数	摘要	借方			贷方			核对号	余额		
月	日			数量	单价	金额	数量	单价	金额		数量	单价	金额
12	1		期初余额								300	2 320.00	696 000.00
12	31	转53	结转销售成本				200	2 320.00	464 000.00		100	2 320.00	232 000.00
12	31		本月合计	0		0	200	2 320.00	464 000.00				

自制半成品明细账

名称：钢坯　　规　格：120#
编号：0007　　计量单位：吨　　计划价格：　　分页：

201×年		凭证号数	摘要	借方			贷方			核对号	余额		
月	日			数量	单价	金额	数量	单价	金额		数量	单价	金额
12	1		期初余额								80	2 680.00	214 400.00
12	9	转21	委托加工				20	2 680.00	53 600.00		60	2 680.00	160 800.00
12	31	转48	完工入库	200	2 591.68	518 336.00					60 200	2 680.00 2 591.68	679 136.00
12	31		本月合计	200		518 336.00	20		53 600.00				

2. 大华钢铁公司总账（部分）

总　账

会计科目：库存现金

201×年		凭证号数	摘要	借方	贷方	核对号	借或贷	余额
月	日							
12	1		期初余额				借	16 000.00
12	15	汇1	1—15日发生额	156 500.00	150 000.00		借	22 500.00
12	31	汇2	16—31日发生额		6 350.00		借	16 150.00
12	31		本月合计	156 500.00	156 350.00			

总　账

会计科目：银行存款

201×年		凭证号数	摘要	借方	贷方	核对号	借或贷	余额
月	日							
12	1		期初余额				借	1 490 790.00
12	15	汇1	1—15日发生额	7 677 773.13	3 280 636.00		借	5 898 280.23
12	31	汇2	16—31日发生额	846 776.00	718 156.40		借	6 016 546.73
12	31		本月合计	8 524 549.13	3 998 792.40			

总　账

会计科目：其他货币资金

201×年		凭证号数	摘　要	借　方	贷　方	核对号	借或贷	余　额
月	日							
12	1		期初余额				借	20 000.00
12	15	汇1	1—15日发生额	150 000.00			借	170 000.00
12	31		本月合计	150 000.00	0			

总　账

会计科目：交易性金融资产

201×年		凭证号数	摘　要	借　方	贷　方	核对号	借或贷	余　额
月	日							
12	1		期初余额				借	120 000.00
12	31		本月合计	0	0			

总　账

会计科目：应收票据

201×年		凭证号数	摘　要	借　方	贷　方	核对号	借或贷	余　额
月	日							
12	1		期初余额				借	450 000.00
12	15	汇1	1—15日发生额		89 000.00		借	361 000.00
12	31	汇2	16—31日发生额	2 160 680.00			借	2 521 680.00
12	31		本月合计	2 160 680.00	89 000.00			

总　账

会计科目：其他应收款

201×年		凭证号数	摘　要	借　方	贷　方	核对号	借或贷	余　额
月	日							
12	1		期初余额				借	23 500.00
12	15	汇1	1—15日发生额	1 215.00	3 500.00		借	21 215.00
12	31	汇2	16—31日发生额	5 000.00			借	26 215.00
12	31		本月合计	6 215.00	3 500.00			

总　账

会计科目：应收账款

201×年		凭证号数	摘　要	借　方	贷　方	核对号	借或贷	余　额
月	日							
12	1		期初余额				借	958 000.00
12	15	汇 1	1—15 日发生额	2 016 300.00	1 252 200.00		借	1 722 100.00
12	31	汇 2	16—31 日发生额	1 393 470.00	901 950.00		借	2 213 620.00
12	31		本月合计	3 409 770.00	2 154 150.00			

总　账

会计科目：坏账准备

201×年		凭证号数	摘　要	借　方	贷　方	核对号	借或贷	余　额
月	日							
12	1		期初余额				贷	96 507.40
12	15	汇 1	1—15 日发生额	43 000.00	20 000.00		贷	73 507.40
12	31	汇 2	16—31 日发生额		148 641.05		贷	222 148.45
12	31		本月合计	43 000.00	168 641.05			

总　账

会计科目：应收利息

201×年		凭证号数	摘　要	借　方	贷　方	核对号	借或贷	余　额
月	日							
12	1		期初余额				平	0
12	31	汇 2	16—31 日发生额	50 000.00			借	50 000.00
12	31		本月合计	50 000.00	0			

总　账

会计科目：预付账款

201×年		凭证号数	摘　要	借　方	贷　方	核对号	借或贷	余　额
月	日							
12	1		期初余额				借	3 100 000.00
12	15	汇 1	1—15 日发生额		2 968 750.00		借	131 250.00
12	31		本月合计	0	2 968 750.00			

总 账

会计科目：材料采购

201× 年		凭证号数	摘 要	借 方	贷 方	核对号	借或贷	余 额
月	日							
12	1		期初余额				借	197 400.00
12	15	汇 1	1—15 日发生额	4 355 620.00	4 553 020.00		平	0
12	31		本月合计	4 355 620.00	4 553 020.00			

总 账

会计科目：库存商品

201× 年		凭证号数	摘 要	借 方	贷 方	核对号	借或贷	余 额
月	日							
12	1		期初余额				借	5 247 000.00
12	15	汇 1	1—15 日发生额		1 395 000.00		借	3 852 000.00
12	31	汇 2	16—31 日发生额	17 720 020.00	2 836 000.00		借	18 736 020.00
12	31		本月合计	17 720 020.00	4 231 000.00			

总 账

会计科目：发出商品

201× 年		凭证号数	摘 要	借 方	贷 方	核对号	借或贷	余 额
月	日							
12	1		期初余额				借	124 000.00
12	15	汇 1	1—15 日发生额	1 360 000.00			借	1 484 000.00
12	31	汇 2	16—31 日发生额		1 236 000.00		借	248 000.00
12	31		本月合计	1 360 000.00	1 236 000.00			

总 账

会计科目：原材料

201× 年		凭证号数	摘 要	借 方	贷 方	核对号	借或贷	余 额
月	日							
12	1		期初余额				借	14 598 150.00
12	15	汇 1	1—15 日发生额	4 505 339.00	12 958 800.00		借	6 144 689.00
12	31	汇 2	16—31 日发生额		17 500.00		借	6 127 189.00
12	31		本月合计	4 505 339.00	12 976 300.00			

总　账

会计科目：材料成本差异

201×年		凭证号数	摘　要	借　方	贷　方	核对号	借或贷	余　额
月	日							
12	1		期初余额				借	469 670.00
12	15	汇 1	1—15 日发生额	50 584.05	18 539.00		借	501 745.05
12	31	汇 2	16—31 日发生额		355 992.81		借	145 722.24
12	31		本月合计	50 584.05	374 531.81			

总　账

会计科目：自制半成品

201×年		凭证号数	摘　要	借　方	贷　方	核对号	借或贷	余　额
月	日							
12	1		期初余额				借	910 400.00
12	15	汇 1	1—15 日发生额		53 600.00		借	856 800.00
12	31	汇 2	16—31 日发生额	518 336.00	464 000.00		借	911 136.00
12	31		本月合计	518 336.00	517 600.00			

总　账

会计科目：生产成本

201×年		凭证号数	摘　要	借　方	贷　方	核对号	借或贷	余　额
月	日							
12	1		期初余额				借	4 065 648.00
12	15	汇 1	1—15 日发生额	11 902 000.00			借	15 967 648.00
12	31	汇 2	16—31 日发生额	2 627 374.58	18 656 819.40		贷	61 796.82
12	31		本月合计	14 529 374.58	18 656 819.40			

总　账

会计科目：周转材料

201×年		凭证号数	摘　要	借　方	贷　方	核对号	借或贷	余　额
月	日							
12	1		期初余额				借	87 500.00
12	15	汇 1	1—15 日发生额		62 858.00		借	24 642.00
12	31		本月合计	0	62 858.00			

总 账

会计科目：委托加工物资

201× 年		凭证号数	摘 要	借 方	贷 方	核对号	借或贷	余 额
月	日							
12	1		期初余额				借	30 000.00
12	15	汇 1	1—15 日发生额	69 400.00	297.00		借	99 103.00
12	31	汇 2	16—31 日发生额		69 400.00		借	29 703.00
12	31		本月合计	69 400.00	69 400.00			

总 账

会计科目：存货跌价准备

201× 年		凭证号数	摘 要	借 方	贷 方	核对号	借或贷	余 额
月	日							
12	1		期初余额				贷	131 400.00
12	31		本月合计	0	0			

总 账

会计科目：长期待摊费用

201× 年		凭证号数	摘 要	借 方	贷 方	核对号	借或贷	余 额
月	日							
12	1		期初余额				借	53 000.00
12	15	汇 1	1—15 日发生额	40 600.00			借	93 600.00
12	31	汇 2	16—31 日发生额		8 833.33		借	84 766.67
12	31		本月合计	40 600.00	8 833.33			

总 账

会计科目：工程物资

201× 年		凭证号数	摘 要	借 方	贷 方	核对号	借或贷	余 额
月	日							
12	1		期初余额				借	40 000.00
12	15	汇 1	1—15 日发生额	45 630.00	45 630.00		借	40 000.00
12	31		本月合计	45 630.00	45 630.00			

总　账

会计科目：在建工程

201× 年		凭证号数	摘　要	借　方	贷　方	核对号	借或贷	余　额
月	日							
12	1		期初余额				借	820 000.00
12	15	汇 1	1—15 日发生额	1 050 730.00			借	1 870 730.00
12	31	汇 2	16—31 日发生额	229 154.44			借	2 099 884.44
12	31		本月合计	1 279 884.44	0			

总　账

会计科目：长期股权投资

201× 年		凭证号数	摘　要	借　方	贷　方	核对号	借或贷	余　额
月	日							
12	1		期初余额				借	300 000.00
12	15	汇 1	1—15 日发生额	300 000.00			借	600 000.00
12	31		本月合计	300 000.00	0			

总　账

会计科目：持有至到期投资

201× 年		凭证号数	摘　要	借　方	贷　方	核对号	借或贷	余　额
月	日							
12	1		期初余额				借	2 000 000.00
12	15	汇 1	1—15 日发生额	301 600.00	1 590 000.00		借	711 600.00
12	31	汇 2	16—31 日发生额		10 000.00		借	701 600.00
12	31		本月合计	301 600.00	1 600 000.00			

总　账

会计科目：长期股权投资减值准备

201× 年		凭证号数	摘　要	借　方	贷　方	核对号	借或贷	余　额
月	日							
12	1		期初余额				贷	120 000.00
12	31	汇 2	16—31 日发生额		5 000.00		贷	125 000.00
12	31		本月合计	0	5 000.00			

总　账

会计科目：无形资产

201×年 月	日	凭证号数	摘　要	借　方	贷　方	核对号	借或贷	余　额
12	1		期初余额				借	228 000.00
12	15	汇1	1—15日发生额	26 800.00			借	254 800.00
12	31		本月合计	26 800.00	0			

总　账

会计科目：累计摊销

201×年 月	日	凭证号数	摘　要	借　方	贷　方	核对号	借或贷	余　额
12	1		期初余额				平	0
12	31	汇2	16—31日发生额		2 346.67		贷	2 346.67
12	31		本月合计	0	2 346.67			

总　账

会计科目：无形资产减值准备

201×年 月	日	凭证号数	摘　要	借　方	贷　方	核对号	借或贷	余　额
12	1		期初余额				平	0
12	31	汇2	16—31日发生额		1 000.00		贷	1 000.00
12	31		本月合计	0	1 000.00			

总　账

会计科目：固定资产清理

201×年 月	日	凭证号数	摘　要	借　方	贷　方	核对号	借或贷	余　额
12	1		期初余额				平	0
12	31	汇1	1—15日发生额	2 000.00	2 000.00		平	0
12	31		本月合计	2 000.00	2 000.00			

总　账

会计科目：固定资产

201× 年		凭证号数	摘　要	借　方	贷　方	核对号	借或贷	余　额
月	日							
12	1		期初余额				借	70 670 000.00
12	15	汇 1	1—15 日发生额	1 595 000.00	16 000.00		借	72 249 000.00
12	31	汇 2	16—31 日发生额	55 000.00			借	72 304 000.00
12	31		本月合计	1 650 000.00	16 000.00			

总　账

会计科目：累计折旧

201× 年		凭证号数	摘　要	借　方	贷　方	核对号	借或贷	余　额
月	日							
12	1		期初余额				贷	48 796 000.00
12	15	汇 1	1—15 日发生额	15 000.00			贷	48 781 000.00
12	31	汇 2	16—31 日发生额		1 295 003.90		贷	50 076 003.90
12	31		本月合计	15 000.00	1 295 003.90			

总　账

会计科目：固定资产减值准备

201× 年		凭证号数	摘　要	借　方	贷　方	核对号	借或贷	余　额
月	日							
12	1		期初余额				贷	1 258 000.00
12	31		本月合计	0	0			

总　账

会计科目：短期借款

201× 年		凭证号数	摘　要	借　方	贷　方	核对号	借或贷	余　额
月	日							
12	1		期初余额				贷	5 350 000.00
12	31		本月合计	0	0		贷	5 350 000.00

总 账

会计科目：应付账款

201×年		凭证号数	摘 要	借 方	贷 方	核对号	借或贷	余 额
月	日							
12	1		期初余额				贷	7 854 500.00
12	15	汇 1	1—15 日发生额	1 477 897.20	1 601 138.00		贷	7 977 740.80
12	31	汇 2	16—31 日发生额	34 500.00			贷	7 943 240.80
12	31		本月合计	1 512 397.20	1 601 138.00			

总 账

会计科目：应付票据

201×年		凭证号数	摘 要	借 方	贷 方	核对号	借或贷	余 额
月	日							
12	1		期初余额				贷	116 000.00
12	15	汇 1	1—15 日发生额		1 809 480.00		贷	1 925 480.00
12	31		本月合计	0	1 809 480.00			

总 账

会计科目：应付职工薪酬

201×年		凭证号数	摘 要	借 方	贷 方	核对号	借或贷	余 额
月	日							
12	1		期初余额				贷	2 680 000.00
12	15	汇 1	1—15 日发生额	989 589.00			贷	1 690 411.00
12	31	汇 2	16—31 日发生额	107 247.40	956 105.46		贷	2 539 269.06
12	31		本月合计	1 096 836.40	956 105.46			

总 账

会计科目：应交税费

201×年		凭证号数	摘 要	借 方	贷 方	核对号	借或贷	余 额
月	日							
12	1		期初余额				贷	283 025.00
12	15	汇 1	1—15 日发生额	1 016 592.00	638 951.39		借	83 935.51
12	31	汇 2	16—31 日发生额	47 286.40	4 029 795.31		贷	3 887 893.30
12	31		本月合计	1 063 878.40	4 668 746.70			

总　账

会计科目：其他应付款

201× 年		凭证号数	摘　要	借　方	贷　方	核对号	借或贷	余　额
月	日							
12	1		期初余额				贷	342 000.00
12	15	汇 1	1—15 日发生额		104 200.00		贷	446 200.00
12	31	汇 2	16—31 日发生额	1 350.00	29 354.12		贷	474 204.12
12	31		本月合计	1 350.00	133 554.12			

总　账

会计科目：预收账款

201× 年		凭证号数	摘　要	借　方	贷　方	核对号	借或贷	余　额
月	日							
12	1		期初余额				贷	4 289 700.00
12	31		本月合计	0	0			

总　账

会计科目：应付利息

201× 年		凭证号数	摘　要	借　方	贷　方	核对号	借或贷	余　额
月	日							
12	1		期初余额				平	0
12	31	汇 2	16—31 日发生额	31 200.00	26 750.00		借	4 450.00
12	31		本月合计	31 200.00	26 750.00			

总　账

会计科目：应付股利

201× 年		凭证号数	摘　要	借　方	贷　方	核对号	借或贷	余　额
月	日							
12	1		期初余额				平	0
12	31	汇 2	16—31 日发生额		1 151 742.04		贷	1 151 742.04
12	31		本月合计	0	1 151 742.04			

总 账

会计科目：预计负债

201×年		凭证号数	摘 要	借 方	贷 方	核对号	借或贷	余 额
月	日							
12	1		期初余额				平	0
12	31	汇 2	16—31 日发生额		260 000.00		贷	260 000.00
12	31		本月合计	0	260 000.00			

总 账

会计科目：长期借款

201×年		凭证号数	摘 要	借 方	贷 方	核对号	借或贷	余 额
月	日							
12	1		期初余额				贷	3 956 000.00
12	15	汇 1	1—15 日发生额		3 000 000.00		贷	6 956 000.00
12	31	汇 2	16—31 日发生额		62 490.00		贷	7 018 490.00
12	31		本月合计		3 062 490.00			

总 账

会计科目：长期应付款

201×年		凭证号数	摘 要	借 方	贷 方	核对号	借或贷	余 额
月	日							
12	1		期初余额				平	0
12	15	汇 1	1—15 日发生额		1 500 000.00		贷	1 500 000.00
12	31		本月合计	0	1 500 000.00			

总 账

会计科目：未确认融资费用

201×年		凭证号数	摘 要	借 方	贷 方	核对号	借或贷	余 额
月	日							
12	1		期初余额				平	0
12	15	汇 1	1—15 日发生额	251 100.00			借	251 100.00
12	31	汇 2	16—31 日发生额		6 975.00		借	244 125.00
12	31		本月合计	251 100.00	6 975.00			

总　账

会计科目：实收资本

201×年		凭证号数	摘　要	借　方	贷　方	核对号	借或贷	余　额
月	日							
12	1		期初余额				贷	5 000 000.00
12	31		本月合计	0	0		贷	5 000 000.00

总　账

会计科目：资本公积

201×年		凭证号数	摘　要	借　方	贷　方	核对号	借或贷	余　额
月	日							
12	1		期初余额				贷	1 100 000.00
12	31		本月合计	0	0		贷	1 100 000.00

总　账

会计科目：盈余公积

201×年		凭证号数	摘　要	借　方	贷　方	核对号	借或贷	余　额
月	日							
12	1		期初余额				贷	6 664 249.13
12	31	汇 2	16—31 日发生额		2 339 140.13		贷	9 003 389.26
12	31		本月合计	0	2 339 140.13			

总　账

会计科目：主营业务收入

201×年		凭证号数	摘　要	借　方	贷　方	核对号	借或贷	余　额
月	日							
12	15	汇 1	1—15 日发生额		2 290 000.00		贷	2 290 000.00
12	31	汇 2	16—31 日发生额	5 285 000.00	2 995 000.00		平	0
12	31		本月合计	5 285 000.00	5 285 000.00			

总　账

会计科目：其他业务收入

201×年		凭证号数	摘　要	借　方	贷　方	核对号	借或贷	余　额
月	日							
12	15	汇 1	1—15 日发生额		1 100 000.00		贷	1 100 000.00
12	31	汇 2	16—31 日发生额	1 772 800.00	672 800.00		平	0
12	31		本月合计	1 772 800.00	1 772 800.00			

总 账

会计科目：利润分配

201× 年		凭证号数	摘 要	借 方	贷 方	核对号	借或贷	余 额
月	日							
12	1		期初余额				贷	4 500 000.00
12	31	汇 2	16—31 日发生额	7 952 047.02	12 902 442.68		贷	9 450 395.66
12	31		本月合计	7 952 047.02	12 902 442.68			

(四) 201×年总账余额及损益类账户发生额

总账余额表

201×年 12 月 31 日　　　　单位：元

会计科目	金额
货币资金	6 202 696.73
其中：库存现金	16 150.00
银行存款	6 016 546.73
其他货币资金	170 000.00
交易性金融资产	120 000.00
应收票据	2 521 680.00
应收账款	2 213 620.00
坏账准备	222 148.45
应收利息	50 000 .00
其他应收款	26 215.00
预付账款	131 250.00
存货	26 029 215.42
其中：库存商品	18 736 020.00
原材料	6 127 189.00
发出商品	248 000.00
生产成本	(61 796.82)
周转材料	24 642.00
材料成本差异	145 722.24
自制半成品	911 136.00
委托加工物资	29 703.00
存货跌价准备	131 400.00
长期股权投资	600 000.00

续表

会计科目	金额
持有至到期投资	701 600.00
长期股权投资减值准备	125 000.00
长期待摊费用	84 766.67
固定资产原价	72 304 000.00
累计折旧	50 076 003.90
固定资产减值准备	1 258 000.00
在建工程	2 099 884.44
工程物资	40 000.00
无形资产	254 800.00
累计摊销	2 346.67
无形资产减值准备	1 000.00
资产总计	61 695 229.24
短期借款	5 350 000.00
应付票据	1 925 480.00
应付账款	7 943 240.80
预收账款	4 289 700.00
应付职工薪酬	2 539 269.06
应交税费	3 887 893.30
其他应付款	474 204.12
应付股利	1 151 742.04
应付利息	(4 450.00)
长期借款	7 018 490.00
应付债券	1 050 000.00
长期应付款	1 500 000.00
未确认融资费用	(244 125.00)
预计负债	260 000.00
实收资本	5 000 000.00
资本公积	1 100 000.00
盈余公积	9 003 389.26
未分配利润	9 450 395.66
负债及所有者权益总计	61 695 229.24

损益类账户发生额

201×年度　　　　单位：元

会计科目	本月数	本年累计数
主营业务收入	5 285 000.00	70 127 300.00
主营业务成本	4 536 000.00	43 476 000.00
税金及附加	30 984.30	11 034 177.20
其他业务收入	1 772 800.00	3 092 800.00
其他业务成本	1 472 335.00	1 878 170.03
销售费用	109 875.00	537 875.00
管理费用	224 116.47	5 854 116.47
财务费用	135 365.87	6 925 365.87
投资收益	130 000.00	9 190 000.00
营业外收入	11 850.00	964 463.50
营业外支出	331 645.14	849 854.24
所得税费用		3 307 803.13
资产减值损失	154 641.05	154 641.05

（五）201×年12月份经济事项、记账凭证及相关原始凭证

注：部分自制原始凭证略。

1. 12月1日，采购员张玉出差回来报销差旅费3 000.00元，上月已借款3 500.00元。（与期初余额相关）

转　账　凭　证

201×年*12*月*1*日　　　　转　字第*1*号

摘要	会计科目		记账	借方金额									贷方金额								
	总账科目	明细科目		百	十	万	千	百	十	元	角	分	百	十	万	千	百	十	元	角	分
报销差旅费	管理费用	差旅费	√				3	0	0	0	0	0									
报销差旅费	其他应收款	备用金（张玉）	√													3	0	0	0	0	0
合计金额						¥	3	0	0	0	0	0			¥	3	0	0	0	0	0

附单据*1*张

财会主管：　　　记账：　　　复核：　　　制单：×××

收 款 凭 证

借方科目：库存现金　　　　201×年 12 月 1 日　　　　现收 字第 1 号

摘 要	贷方科目		记账	金额								
	总账科目	明细科目		百	十	万	千	百	十	元	角	分
收到差旅费	其他应收款	备用金（张玉）	√					5	0	0	0	0
合计金额							¥	5	0	0	0	0

附单据 1 张

财会主管：　　记账：　　出纳：　　复核：　　制单：×××

1-1

收 据

201×年 12 月 1 日　　　　第 12-1 号

交款单位	销售部	收款方式	现金		
人民币（大写）伍佰元整			¥ 500.00		
事由：报销差旅费		现金			
		支票第 号			
收款单位	财务部	财务主管	石骏	收款人	林立

第二联：记账凭证

1-2

出差费用报销单

出差事由				销售部采购员张玉参加定货会				填报日期：201× 年 12 月 1 日							
起止时间				起讫地点	车船费（机票）	托运邮电	住宿费	出差补贴			途中伙食补贴			其他	合计
月	日	月	日					标准	天数	金额	标准	天数	金额		
11	20	11	20	北京 至 上海	289.00		1 140.00	50	8	400.00	30	2	60	822.00	3 000.00
11	28	11	28	上海 至 北京	289.00										
				至											
支 出 小 计															
预支金额	3 500.00	应退付	金额 500.00					支出金额（大写）	叁仟元整						
领导审核意见	同意报销							报销人签章	张玉		说明	“其他”招待费			

---

2. 12 月 1 日，公司为扩大生产规模开工建造一幢锅炉，工期预计为 6 个月，工程采用出包方式委托华南建筑公司建造。约定按工程进度分 3 次付款。向本市工商银行借入的该工程 2 年期的专门借款 300 万元于同日划入公司账户，同日支付首笔工程款 100 万元。该专门借款年利率为 5%。

付 款 凭 证

贷方科目：银行存款　　　　201×年12月1日　　　　银付 字第1号

摘要	借方科目		记账	金额								
	总账科目	明细科目		百	十	万	千	百	十	元	角	分
工程出包	在建工程	出包工程（华南建筑公司）	√	1	0	0	0	0	0	0	0	0
合计金额				1	0	0	0	0	0	0	0	0

附单据2张

财会主管：　　记账：　　出纳：　　复核：　　制单：×××

收 款 凭 证

借方科目：银行存款　　　　201×年12月1日　　　　银收 字第1号

摘要	贷方科目		记账	金额								
	总账科目	明细科目		百	十	万	千	百	十	元	角	分
工程借款	长期借款	工程借款	√	3	0	0	0	0	0	0	0	0
合计金额				3	0	0	0	0	0	0	0	0

附单据2张

财会主管：　　记账：　　出纳：　　复核：　　制单：×××

2-1

长期借款申请书

201×年12月1日

企业名称	大华钢铁公司	法人代表	蒋平	企业性质	股份有限公司
地　址	北京市滨湖路28号	财务负责人	石骏	联系电话	010-55681153
经营范围	生产和销售多种型号钢材	主管部门			
借款期限	自201×年12月1日至201×+2年11月30日			申请金额	¥3 000 000.00

主要用途及效益说明：

公司为扩大生产规模开工建造一幢锅炉，工期预计为6个月，工程采用出包方式委托华南建筑公司建造。约定按工程进度分三次付款。

申请单位财务章	信贷员意见：
财务部门　100345678911288	行主管　　信贷部门
负责人：石骏　财务专用章　经办人：吴亚	领　导：萧林　负责人：高军

2–2

中国工商银行 贷款凭证（3）（收账通知）

201×年 12 月 1 日

<table>
<tr><td>贷款单位名称</td><td>大华钢铁公司</td><td>种类</td><td>固定资产贷款</td><td colspan="3">贷款户账号</td><td colspan="7">0001–84497877</td></tr>
<tr><td rowspan="2">金额</td><td colspan="3" rowspan="2">人民币（大写） 叁佰万元整</td><td>千</td><td>百</td><td>十</td><td>万</td><td>千</td><td>百</td><td>十</td><td>元</td><td>角</td><td>分</td></tr>
<tr><td>¥</td><td>3</td><td>0</td><td>0</td><td>0</td><td>0</td><td>0</td><td>0</td><td>0</td><td>0</td></tr>
<tr><td rowspan="2">用途</td><td rowspan="2">新建锅炉</td><td>单位申请期限</td><td colspan="6">自 201×年 12 月 1 日至 201×+2 年 11 月 30 日</td><td colspan="3" rowspan="2">利率</td><td colspan="2" rowspan="2">5%</td></tr>
<tr><td>银行核定期限</td><td colspan="6">自 201×年 12 月 1 日至 201×+2 年 11 月 30 日</td></tr>
<tr><td colspan="4">上列贷款已核准发放 贷款。
并已转收你单位 账号账户。
201×.12.01
业务公章
（1）
银行签章 201×年 12 月 1 日</td><td colspan="10">单位会计分录
收入
付出
复核 记账
主管 会计</td></tr>
</table>

资料：华南建筑公司账户及账号为交通银行开建分行政管理 289–2395870。

2–3

中国工商银行 转账支票存根

支票号码 **4670**

附加信息

科目：在建工程

对方科目：银行存款

出票日期：201×年 12 月 1 日

收款人：	华南建筑公司
金 额：	¥1 000 000.00
用 途：	工程款

单位主管 石骏　　会计 林立

2–4

工程合同

甲方：大华钢铁公司

乙方：华南建筑公司

经甲乙双方协商，由甲方委托乙方建造一幢锅炉，工期预计为 6 个月，工程款为 3 000 000.00 元，按工程进度分 3 次付款。

甲方负责人：李 林　　大华钢铁公司 合同专用章

201×年 12 月 1 日

乙方负责人：王江海　　华南建筑公司 合同专用章

201×年 12 月 1 日

3. 12 月 2 日，向银行申请办理银行汇票 150 000 元，用于购买材料。

付 款 凭 证

贷方科目：银行存款　　　　201× 年 12 月 2 日　　　　银付　字第 2 号

摘　要	借方科目		记账	金额								
	总账科目	明细科目		百	十	万	千	百	十	元	角	分
申请办理银行汇票	其他货币资金	银行汇票	√		1	5	0	0	0	0	0	0
合计金额				¥	1	5	0	0	0	0	0	0

附单据 1 张

财会主管：　　记账：　　出纳：　　复核：　　制单：×××

3-1　　中国工商银行**汇票委托书**（存根）　**1**　　第 0301 号

委托日期　201×年 12 月 2 日

收款人	上海市宝山钢铁公司		汇款人	大华钢铁公司									
账号或住址	中国工商银行解放分理处 0210-58782999 上海浦东区解放路 102 号		账号或住址	中国工商银行滨湖支行 0001-84497877 北京市滨湖路 28 号									
兑付地点	省市县	上海浦东	汇款用途	购料									
汇款金额	人民币（大写）　壹拾伍万元整			千	百	十	万	千	百	十	元	角	分
					¥	1	5	0	0	0	0	0	0

中国工商银行滨湖支行 201×.12.02 业务公章 (1)

备注：

4. 12 月 3 日，生产领用材料。

转 账 凭 证

201×年 12 月 3 日　　　　转　字第 2 号

摘　要	会计科目		记账	借方金额									贷方金额								
	总账科目	明细科目		百	十	万	千	百	十	元	角	分	百	十	万	千	百	十	元	角	分
生产领用材料	生产成本	炼铁车间	√	4	0	3	6	0	0	0	0	0									
		炼钢车间	√	1	3	8	0	0	0	0	0	0									
		轧钢车间	√	1	9	5	0	0	0	0	0	0									
生产领用材料	原材料		√										7	3	6	6	0	0	0	0	0
合计金额				7	3	6	6	0	0	0	0	0	7	3	6	6	0	0	0	0	0

附单据 8 张

财会主管：　　记账：　　复核：　　制单：×××

4-1

领料汇总记录

201×年12月3日

部　门	材料名称、规格	数　量	计划单价	金　额
一车间（炼铁）	铁矿石	3 000	800.00	2 400 000.00
	石灰石	3 000	125.00	375 000.00
	焦炭	500	2 522.00	1 261 000.00
二车间（炼钢）	锰铁	100	6 600.00	660 000.00
	硅铁	120	6 000.00	720 000.00
三车间（轧钢）	煤	3 500	350.00	1 225 000.00
	重油	500	1 450.00	725 000.00

自制凭证：领料单7张（略）

---

5. 12月3日，公司按上月20日与北京市国有资产投资经营公司达成的股权转让协议，以每股1.50元的价格受让其持有的佳庆股份有限公司25%的股权（200 000股），12月3日完成转让事宜，以银行存款支付全部股权转让款，并完成有关佳庆股份有限公司的股权变更手续。本公司对其具有重大影响。12月3日，佳庆股份有限公司每股净资产为1.20元。(股权变更证明)

付　款　凭　证

贷方科目：银行存款　　201×年12月3日　　银付　字第3号

摘　要	借方科目		记账	金额									
	总账科目	明细科目		百	十	万	千	百	十	元	角	分	
股权转让	长期股权投资	佳庆股份有限公司	√		3	0	0	0	0	0	0	0	附单据1张
合计金额				¥	3	0	0	0	0	0	0	0	

财会主管：　　记账：　　出纳：　　复核：　　制单：×××

5-1

股权转让协议

甲方：北京市国有资产投资经营公司

乙方：大华钢铁公司

鉴于佳庆股份有限公司系由甲方参与投资设立，公司注册资本为3 500万元，于1999年2月18日经北京市人民政府批准成立，并已在上海证券交易所上市；

鉴于甲方有意出让其所持有的佳庆股份有限公司其中25%的股权；

鉴于乙方为独立的法人，且愿意受让甲方股权；

双方在以下基础上达成协议：

1. 甲方同意将所持有的佳庆股份有限公司25%的股权转让给乙方；
2. 乙方同意受让甲方所持有的佳庆股份有限公司25%的股权；

3. 甲方董事会及乙方股东大会已就股权转让事宜进行审议并已作出相关决议，并经有关主管部门批准；

4. 甲乙双方均充分理解在本次股权转让过程中各自的权利义务，并均同意依法进行本次股权转让。

甲乙双方根据中华人民共和国有关的法律、法规的规定，经友好协商，本着平等互利的原则，现签定本股权转让协议，以资双方共同遵守：

第一条：协议双方

1.1 转让方：北京市国有资产投资经营公司（以下简称甲方）

法定地址：北京市朝阳路168号

法定代表人：柳文

1.2 受让方：大华钢铁公司（以下简称乙方）

法定地址：北京市滨湖路28号

法定代表人：蒋平

第二条：协议签订地

2.1 本协议签订地为北京市。

第三条：转让标的及价款

3.1 甲方将其持有的佳庆股份有限公司25%的股权200 000股转让给乙方。

3.2 乙方同意接受上述股权的转让。

3.3 甲乙双方一致确定上述股权转让的价款应以佳庆股份有限公司截至201×年10月31日的账面净资产值为依据。

3.4 甲乙双方确定的转让价格为每股1.50元，总计转让款为300 000.00元。

3.5 甲方保证对其向乙方转让的股权享有完全的独立权益，没有设置任何质押，未涉及任何争议及诉讼。

第四条：转让款的支付

4.1 本协议生效后18日内，乙方应按本协议的规定足额支付给甲方约定的转让款。

4.2 乙方所支付的转让款应存入甲方指定的账户。

第五条：股权的转让

5.1 本协议生效后30日内，甲乙双方共同委托佳庆股份有限公司董事会办理股份转让登记。

5.2 上述股权转让的变更登记手续应于本协议生效后60日内办理完毕。

第六条：双方的权利义务

6.1 本次转让过户手续完成后，乙方即拥有佳庆股份有限公司25%的股权，按佳庆股份有限公司每股净资产为1.20元，享受相应的权益。

6.2 本次转让事宜在完成前，甲、乙双方均应对本次转让事宜及涉及的一切内容予以保密。

6.3 乙方应按照本协议的约定按时支付股权转让价款。

6.4 甲方应对乙方办理批文、变更登记等法律程序提供必要协助与配合。

6.5 自股权变更登记手续办理完毕之日起，甲方不再享有佳庆公司任何权利。

6.6 甲方承诺对作为公司股东或职员期间所获得的公司任何专有资讯（包括但不限

于财务状况、客户资源及业务渠道等等）承担严格的保密责任，不会以任何方式提供给任何第三方占有或使用，亦不会用于自营业务。

第七条：违约责任

7.1　本协议正式签订后，任何一方不履行或不完全履行本协议约定条款的，即构成违约。违约方应当负责赔偿其违约行为给守约方造成的一切直接经济损失。

7.2　任何一方违约时，守约方有权要求违约方继续履行本协议。

第八条：协议的变更和解除

8.1　本协议的变更，必须经双方共同协商，并订立书面变更协议。如协商不能达成一致，本协议继续有效。

8.2　双方一致同意终止本协议的履行时，须订立书面协议，经双方签字盖章后方可生效。

第九条：适用的法律及争议的解决

9.1　本协议适用中华人民共和国的法律。

9.2　凡因履行本协议所发生的或与本协议有关的一切争议双方应当通过友好协商解决；如协商不成，任何一方都有权提起诉讼。

第十条：协议的生效及其他

10.1　本协议经双方签字盖章后生效，本合同正本一式三份，甲方持一份，乙方持一份，报审批机关一份。

（以下无正文）

甲方：北京市国有资产投资经营公司　　　　乙方：大华钢铁公司

法定代表人（授权代表）：柳文　　　　法定代表人（授权代表）：蒋平

签订日期：201×年 12 月 3 日　　　　签订日期：201×年 12 月 3 日

自制凭证：转账支票（略）

---

6. 12 月 3 日，上月预付山西大同矿货款购买焦炭 200 吨，单价 2 450.00 元，现已到货，发生运输费用 12 000.00 元，材料已验收入库。

转　账　凭　证

201×年 12 月 3 日　　　　转　字第 3-1/2 号

摘　要	会计科目		记账	借方金额									贷方金额								
	总账科目	明细科目		百	十	万	千	百	十	元	角	分	百	十	万	千	百	十	元	角	分
购入原材料	材料采购	焦炭	√		5	0	1	1	6	0	0	0									
	应交税费	应交增值税（进项税额）	√			8	4	1	4	0	0	0									
购入原材料	预付账款	山西大同矿	√											5	8	5	3	0	0	0	0
合计金额				¥	5	8	5	3	0	0	0	0	¥	5	8	5	3	0	0	0	0

附单据 2 张

财会主管：　　记账：　　复核：　　制单：×××

转 账 凭 证

201×年 12 月 3 日　　　　转 字第 3-2/2 号

摘　要	会计科目		记账	借方金额									贷方金额								
	总账科目	明细科目		百	十	万	千	百	十	元	角	分	百	十	万	千	百	十	元	角	分
购入原材料	原材料	焦炭	√		5	0	4	4	0	0	0	0									
购入原材料	材料成本差异	原材料	√													3	2	4	0	0	0
	材料采购	焦炭	√											5	0	1	1	6	0	0	0
合计金额				¥	5	0	4	4	0	0	0	0	¥	5	0	4	4	0	0	0	0

附单据 2 张

财会主管：　　记账：　　复核：　　制单：×××

6-1

山西增值税专用发票

全国统一发票监制章 国家税务总局监制

发票联

033087865　　　　№ 033875971

开票日期：201×年 12 月 3 日

购买方	名　　称：大华钢铁公司 纳税人识别号：100345678911288 地 址 、电 话：010-55681153 开户行及账号：工商银行（0001-84497877）				密码区	（略）	
货物或应税劳务、服务名称	规格型号	单位	数量	单价	金额	税率	税额
焦炭		吨	200	2 450.00	490 000.00	17%	83 300.00
合　计					¥490 000.00		¥83 300.00
价税合计（大写）	伍拾柒万叁仟叁佰元整				（小写）¥573 300.00		
销售方	名　　称：山西大同煤矿公司 纳税人识别号：102340978658358 地 址 、电 话：0352-8681768 开户行及账号：工商银行（63860367）				备注	山西大同煤矿公司 102340978658358 发票专用章	

收款人：（略）　　复核：　　开票人：　　销售方：（章）

第一联：发票联　购买方记账凭证

6-2

大同市货物运输发票
发　票　联

大地（203114）字

№ 1119860

发票代码：

发票号码（印制号）：

开票日期：*201×年 12 月 3 日*　　　　发票号码（机打号）：019801

收货人 纳税人识别号	**大华钢铁公司** *100345678911288*	承运人 纳税人识别号	**山西利发运输公司** *111912345678966*
起运地 到达地 车号（船号）	**大同** **北京**	发货人 纳税人识别号	
运输项目及金额	**焦碳 200 吨** **单价：2 450.00 元**	取得运输发票单位 纳税人识别号	
		其他项目及金额	保险费： 仓储费： 吊车费： 票签费： 提送货费：
运费小计	*¥12 000.00*	其他费用小计	
运杂费合计（大写）	**壹万贰仟元整**	（小写）	*¥12 000.00*
代开单位名称及代码	111912345678966	扣缴税款完税凭证号码	

附单据 *1* 张

代开单位盖章：　　　开票人：　　　税控码：

机器编号：

山西利发运输公司　发票专用章

自制凭证：收料单（略）

---

7. 12 月 3 日，领用辅助材料。

转　账　凭　证

201×年 12 月 3 日　　　　转　字第 *4* 号

摘要	总账科目	明细科目	记账	借方百	十	万	千	百	十	元	角	分	贷方百	十	万	千	百	十	元	角	分
领用辅助材料	**制造费用**	**轧钢车间**	√		*1*	*1*	*9*	*8*	*0*	*0*	*0*	*0*									
	生产成本	**机修车间**	√		*1*	*0*	*5*	*0*	*0*	*0*	*0*	*0*									
		供电车间	√			*3*	*5*	*0*	*0*	*0*	*0*	*0*									
领用辅助材料	**原材料**	**辅助材料**	√											*2*	*5*	*9*	*8*	*0*	*0*	*0*	*0*
合计金额				¥	*2*	*5*	*9*	*8*	*0*	*0*	*0*	*0*	¥	*2*	*5*	*9*	*8*	*0*	*0*	*0*	*0*

附单据 *6* 张

财会主管：　　　记账：　　　复核：　　　制单：×××

7-1

领料汇总记录

201×年 12 月 3 日　　　　金额单位：元

领料部门	材料名称	数量	计划单价	金额
轧钢车间	中轧辊	20 吨	2 300.00	46 000.00
	铁丝 20#	1 000 千克	3.80	3 800.00
	机油　4L	200 升	350.00	70 000.00
机修车间	机油　4L	300 升	350.00	105 000.00
供电车间	机油　4L	100 升	350.00	35 000.00
合计				259 800.00

自制凭证：领料单 5 张（略）

---

8. 12 月 3 日，经确认光彩矿石厂有一笔应收账款 38 000.00 元无法收回，同时收回 5 月份已转销的坏账——为民钢材公司欠款 20 000.00 元。

转账凭证

201×年 *12* 月 *3* 日　　　　转　字第 *5* 号

摘要	会计科目		记账	借方金额									贷方金额								
	总账科目	明细科目		百	十	万	千	百	十	元	角	分	百	十	万	千	百	十	元	角	分
确认坏账	坏账准备		√			3	8	0	0	0	0	0									
确认坏账	应收账款	光彩矿石厂	√												3	8	0	0	0	0	0
合计金额					¥	3	8	0	0	0	0	0		¥	3	8	0	0	0	0	0

附单据 *1* 张

财会主管：　　　记账：　　　复核：　　　制单：×××

转账凭证

201×年 *12* 月 *3* 日　　　　转　字第 *6* 号

摘要	会计科目		记账	借方金额									贷方金额								
	总账科目	明细科目		百	十	万	千	百	十	元	角	分	百	十	万	千	百	十	元	角	分
收回已转销坏账	应收账款	为民钢材公司	√			2	0	0	0	0	0	0									
收回已转销坏账	坏账准备		√												2	0	0	0	0	0	0
合计金额					¥	2	0	0	0	0	0	0		¥	2	0	0	0	0	0	0

附单据 *1* 张

财会主管：　　　记账：　　　复核：　　　制单：×××

收　款　凭　证

借方科目：银行存款　　　　201×年 12 月 3 日　　　　银收　字第 2 号

摘　要	贷方科目		记账	金额								
	总账科目	明细科目		百	十	万	千	百	十	元	角	分
收回已转销坏账	应收账款	为民钢材公司	√			2	0	0	0	0	0	0
合计金额					¥	2	0	0	0	0	0	0

附单据 1 张

财会主管：　　记账：　　出纳：　　复核：　　制单：×××

8-1

坏　账　核　销　单

201×年 12 月 3 日

应收账款单位	金　额	批示意见
光彩矿石厂	38 000.00 元	同意作为坏账核销 批示人：石骏

8-2

进账单（收账通知）　3

201×年 12 月 3 日　　　　第　　号

收款人			付款人		
收款人	全　称	大华钢铁公司	付款人	全　称	为民钢材公司
	账　号	0001-11510482		账　号	0023-5688779
	开户银行	工商银行		开户银行	交通银行

人民币（大写）	千	百	十	万	千	百	十	元	角	分
贰万元整			¥	2	0	0	0	0	0	0

出票人名称或账号	种类	票据号码	百	十	万	千	百	十	元	角	分

收款人开户行盖章

中国工商银行滨湖支行
201×.12.03
业务公章
（1）

单位主管　　会计　　复核　　记账

此联是收款人开户银行交给收款人的收账通知

资料：收回已核销坏账。

9. 12 月 4 日，销售给沈阳漫源物资经销公司 ¢25 mm 螺纹钢 200 吨，单位售价 3 800.00元，单位成本 3 290.00 元，采用托收承付结算方式，货已发出，并已办理托收手续，代垫运费 5 000.00 元。

转 账 凭 证

201×年 12 月 4 日　　　　转　字第 7 号

摘　要	会计科目		记账	借方金额									贷方金额								
	总账科目	明细科目		百	十	万	千	百	十	元	角	分	百	十	万	千	百	十	元	角	分
销售商品	应收账款	沈阳漫源物资经销公司	√		8	8	9	2	0	0	0	0									
销售商品	主营业务收入		√											7	6	0	0	0	0	0	0
	应交税费	应交增值税（销项税额）	√											1	2	9	2	0	0	0	0
合计金额				¥	8	8	9	2	0	0	0	0	¥	8	8	9	2	0	0	0	0

附单据 4 张

财会主管：　　记账：　　复核：　　制单：×××

付 款 凭 证

贷方科目：银行存款　　201×年 12 月 4 日　　银付　字第 4 号

摘　要	借方科目		记账	金额								
	总账科目	明细科目		百	十	万	千	百	十	元	角	分
付代垫运费	应收账款	沈阳漫源物资经销公司	√				5	0	0	0	0	0
合计金额						¥	5	0	0	0	0	0

附单据 1 张

财会主管：　　记账：　　出纳：　　复核：　　制单：×××

9-1

北京市货物运输发票

发　票　联

京地（203114）字

№ 0228998

发票代码：

发票号码（印制号）：

发票号码（机打号）：008998

开票日期：*201×*年 *12* 月 *4* 日

收货人 纳税人识别号	沈阳漫源物资经销公司 *187693652908773*	承运人 纳税人识别号	北京大发起重机公司 *022812345678567*
起运地 到达地 车号（船号）	北京 沈阳	发货人 纳税人识别号	
运输项目及金额	¢25 mm 螺纹钢 200 吨 单价：3 800.00 元	取得运输发票单位 纳税人识别号	
		其他项目及金额	保险费： 仓储费： 吊车费： 票签费： 提送货费：
运费小计	¥5 000.00	其他费用小计	
运杂费合计（大写）	伍仟元整	（小写）	¥5 000.00
代开单位名称及代码		扣缴税款完税凭证号码	

北京大发起重机公司 022812345678567 发票专用章

代开单位盖章：　　　　开票人：　　　　税控码：

机器编号：

9-2

中国工商银行**托收承付**结算凭证（回单）　1　托收号码　第 357 号

委托日期 *201×*年 *12* 月 *4* 日

收款单位	全称	大华钢铁公司	付款单位	全称	沈阳漫源物资经销公司
	账号	*0001-84497877*		账号	*056-4276283*
	开户银行	工商银行		开户银行	交通银行

托收金额	人民币（大写）捌拾玖万肆仟贰佰元整	千	百	十	万	千	百	十	元	角	分
			¥	8	9	4	2	0	0	0	0

附件	商品交运情况	合同名称号码
附寄单证张数或册数	3 张	

备注：	款项收妥日期	收款单位开户银行盖章（1）
	20　年　月　日	年　月　日

中国工商银行海湖支行 201×.12.04

9-3

出 库 单

收货单位：沈阳漫源物资经销公司　　201×年 12 月 4 日

编号	产品名称	规格	出库数量	单位	单价	成本总额
0004	螺纹钢	¢25mm	200	吨	3 290.00	658 000.00
备注				合计		658 000.00

收款人：（略）　记账：　收货人：　填单：

9-4

北京增值税专用发票

全国统一发票监制章 国家税务总局监制

0100086574　　记账联　　№ 03891390

开票日期：201×年 12 月 4 日

购买方	名 称：沈阳漫源物资经销公司 纳税人识别号：187693652908773 地 址 、电 话：024-23876549 开户行及账号：交通银行（056-4276283）			密码区	（略）		
货物或应税劳务、服务名称	规格型号	单位	数量	单价	金额	税率	税额
¢25mm 螺纹钢		吨	200	3 800.00	760 000.00	17%	129 200.00
合 计					760 000.00		129 200.00
价税合计（大写）	捌拾捌万玖仟贰佰元整				（小写）¥ 889 200.00		
销售方	名 称：大华钢铁公司 纳税人识别号：100345678911288 地 址 、电 话：010-55681153 开户行及账号：工商银行（0001-84497877）			备注	主管税务机关及代码：221056		

第三联：记账联 销售方的记账凭证

大华钢铁公司 发票专用章

收款人：（略）　复核：　开票人：　销货方：（章）

9-5

中国工商银行 转账支票存根

支票号码 4671

附加信息

科目：应收账款

对方科目：银行存款

出票日期：201×年 12 月 4 日

收款人：	北京大发起重机公司
金 额：	¥5 000.00
用 途：	代垫运费

单位主管 石骏　会计 林立

10．12 月 4 日，与加加资产租赁公司签订资产租赁合同，采用融资租赁方式租入固定资产。租赁合同主要条款如下：

租赁标的物：大型运输设备一台

起租日：201×年 12 月 10 日

租赁期：201×年 12 月 10 日—201×+3 年 12 月 10 日，共 3 年

租金支付方式，每年末支付租金 30 万元

租赁期满，设备所有权转移给承租人，估计余值为 60 万元，其中由京华商贸股份有限公司担保的余值为 50 万元。

该设备为全新设备，加加公司购置价（公允价值）为 150 万元，预计使用年限为 5 年，租赁内含利率为 5%（合同约定）。

转　账　凭　证

201×年 12 月 4 日　　　　转　字第 8 号

摘要	会计科目		记账	借方金额									贷方金额								
	总账科目	明细科目		百	十	万	千	百	十	元	角	分	百	十	万	千	百	十	元	角	分
融资租入固定资产	固定资产	融资租入固定资产	√	1	2	4	8	9	0	0	0	0									
	未确认融资费用		√		2	5	1	1	0	0	0	0									
融资租入固定资产	长期应付款	应付租赁款	√										1	5	0	0	0	0	0	0	0
合计金额				1	5	0	0	0	0	0	0	0	1	5	0	0	0	0	0	0	0

附单据 1 张

财会主管：　　记账：　　复核：　　制单：×××

10-1

融资租赁合同书

出租人：加加资产租赁公司（以下简称甲方）　　承租人：大华钢铁公司（以下简称乙方）

法定地址：北京市人民路 10 号　　法定地址：北京市滨湖路 28 号

法定代表人：李新　　法定代表人：蒋平

余值担保人：华钢工贸股份有限公司（以下简称丙方）

法定代表人：李维和

法定地址：北京市复兴路 100 号

第一条　租赁物件

甲方将新购置的大型运输设备一台（以下简称租赁物件）租赁给乙方，乙方则向甲方承租并使用该物件。设备公允价值 150 万元，预计使用年限为 5 年，租赁内含报酬率为 5%。

第二条 租赁期间

201×年 12 月 10 日—201×+3 年 12 月 10 日，共 3 年。

第三条 租金

乙方每年向甲方支付租赁物件租赁费 30 万元，租金支付日为每年的 12 月 31 日。

第四条 余值担保

乙方承诺租赁期满时，乙方担保租赁物件余值 60 万元，并由丙方担保。如届时租赁物件余值不足 50 万元，则实际余值与 50 万元的差额由乙方补偿给甲方。若乙方无能力补偿，由丙方负责偿还。丙方除对担保余值 50 万元内承担担保责任外，对本合同不承担其余任何责任。

第五条 租赁物件的交付

租赁物件在乙方的经营地，即滨湖路 28 号，由甲方（包括其代理人）向乙方交付。乙方在交付地点接货后，应进行检验，并在交接单上签收。

第六条 租赁物件的保管、使用和费用

1. 乙方在租赁期间内，可完全使用租赁物件。除非征得甲方的书面同意，不得将租赁物件转让给第三方或允许他人使用。

2. 乙方平时应对租赁物件给予良好的维修保养，使其保持正常状态和发挥正常效能。租赁物件的维修、保养，由乙方负责处理，并承担其全部费用。如需要更换其零件，在未得到甲方书面同意时，应只用租赁物件的原制造厂所供应的零件更换。

3. 因租赁物件本身及其设置、保管、使用等致使第三者遭受损害时乙方应负赔偿责任。

第七条 租赁物件的灭失及毁损

1. 在合同履行期间，租赁物件灭失及毁损风险，由乙方承担（但正常损耗不在此限）。

如租赁物件灭失或毁损，乙方应立即通知甲方，甲方可选择下列方式之一，由乙方负责处理并负担一切费用：

（1）将租赁物件复原或修理至完全正常使用之状态。

（2）更换与租赁物件同等状态、性能的物件。

2. 租赁物件灭失或毁损至无法修复的程度时，乙方应按租金总计加上担保余值，赔偿给甲方。

3. 根据前款，乙方将所定损失金额及任何其他应付的款项交纳给甲方时，甲方将租赁物件（以其现状）及对第三者的权利（如有时）转交给乙方。

第八条 违反合同处理

1. 如乙方不支付租金或不履行合同所规定其他义务时，甲方有权采取下列措施：

（1）要求即时付清部分或全部租金及一切应付款项。

（2）径行收回租赁物件，并由乙方赔偿甲方的全部损失。

2. 虽然甲方采取前款（1）、（2）项的措施，但并不因之免除本合同规定的乙方其他义务。

3. 在租赁物件交付之前，由于乙方违反本合同而给甲方造成的一切损失，乙方也应负责赔偿。

4. 当乙方未按照本合同规定支付应付的到期租金和其他款项给甲方，或未按时偿还甲方垫付的任何费用时，甲方除有权采取前3款措施外，乙方应按5%利率支付迟延支付期间的迟延利息，迟延利息将从乙方每次交付的租金中，首先扣抵，直至乙方向甲方付清全部逾期租金及迟延利息为止。

5. 乙方如发生关闭、停业、合并、分立等情况时，应立即通知甲方并提供有关证明文件，如上述情况致使本合同不能履行时，甲方有权采取本条第1款的措施，并要求乙方及担保人对甲方由此而发生的损失承担赔偿责任。租赁期间，租赁物件不属于承租方破产清算的范围。

第九条　甲方权利的转让

甲方在本合同履行期间在不影响乙方使用租赁物件的前提下，随时可将本合同规定的全部或部分权利转让给第三者，但必须及时通知乙方。

第十条　合同的修改

本合同及所有附件的修改，必须经甲乙双方及担保人签署书面协议方能生效。

第十一条　租赁期满后租赁物件的处理

乙方在租赁期满并全部履行完毕合同规定的义务时，乙方有权对租赁物件作如下选择：

1. 自费将租赁物件归还甲方，并保证租赁物件除正常损耗外，保持良好状态；

2. 乙方向甲方支付产权转移费人民币40万元，甲方即将租赁物件所有权转移给乙方。

第十二条　争议的解决

有关本合同的一切争议，首先应友好协商解决，如协商不能解决需提起诉讼时，本合同当事人均应向北京市滨江区人民法院提起诉讼。

第十三条　本合同自甲、乙双方及担保人签字盖章后即生效，本合同书正本一式三份，由甲方、乙方和担保人各执一份。

出租人：加加资产租赁公司
法定代表人（签字）：李新
签字日期：***201***×年***12***月***4***日

承租人：大华钢铁公司
法定代表人（签字）：蒋平
签字日期：***201***×年***12***月***4***日

担保人：华钢工贸股份有限公司
法定代表人（签字）：李维和
签字日期：***201***×年***12***月***4***日

---

11. 12月4日，付上月电话费23 000.00元。

付款凭证

贷方科目：银行存款　　　　201×年 12 月 4 日　　　　银付　字第 5 号

摘要	借方科目		记账	金额								
	总账科目	明细科目		百	十	万	千	百	十	元	角	分
付上月电话费	制造费用	炼铁车间	√				2	0	0	0	0	0
		炼钢车间	√				1	8	0	0	0	0
		轧钢车间	√				2	6	0	0	0	0
	生产成本	辅助生产	√				5	5	0	0	0	0
	应付职工薪酬		√					9	0	0	0	0
	在建工程		√				1	5	0	0	0	0
	管理费用		√				8	7	0	0	0	0
合计金额					¥	2	3	0	0	0	0	0

附单据 3 张

财会主管：　　记账：　　出纳：　　复核：　　制单：×××

11–1

公司电话费用记录

201×年 12 月 4 日

部门	炼铁车间	炼钢车间	轧钢车间	机修车间	供电车间	福利部门	在建工程	管理部门	合计
费用额	2 000.00	1 800.00	2 600.00	3 000.00	2 500.00	900.00	1 500.00	8 700.00	23 000.00

制单：江峰　　　　审核：石骏

11–2

北京市公共事业收费收据

交款单位或个人：大华钢铁公司　　　201×年 12 月 4 日　　　№ 280077

京财字[2002]---000028

项目	单位	数量	标准	金额								说明：①本收据限用于公共事业非经营性收据，其他无效 ②本收据需加盖收款单位或收款人印章
				十	万	千	百	十	元	角	分	
电话费				¥	2	3	0	0	0	0	0	
合计人民币（大写）贰万叁仟元整				（小写）	¥23 000.00							

第二联　收据

收款单位：北京市电信局　　　　收款人：于帆

11-3　　中国工商银行**委托收款**凭证（付款通知）　**5**　　委托号码

委托日期　*201×*年 *12* 月 *4* 日　　付款期限

收款人	全　称	北京市电信局	付款人	全　称	大华钢铁公司
	账　号	0121-5682697		账　号	0001-84497877
	开户银行	工商银行		开户银行	工商银行

托收金额	人民币（大写）	贰万叁仟元整	千	百	十	万	千	百	十	元	角	分
					¥	2	3	0	0	0	0	0

款项内容	电话费	委托收款凭据名称	收据	附寄单据张数	壹张

备注：	付款单位注意： 1. 根据结算办法，上列委托收款，如在付款期限内未拒付时，即视同全部同意付款，以此联带付款通知 2. 如需提前付款或多付款时，应另写书面通知送银行办理 3. 如系全部或部分拒付，应在付款期限内另填拒付理由书送银行办理

（印章：中国工商银行滨湖支行　201×.12.04　业务公章）

单位主管：（略）　会计：　复核：　记账：　付款人开户行盖章

12. 12 月 5 日，从上海光明金属五金丝网厂购入 20#镀锌铁丝 1 000 千克，单价 3. 87 元，货已运达企业并验收入库，运输费 300. 00 元，货款及运费当即支付。

付　款　凭　证

贷方科目：银行存款　　*201×* 年 *12* 月 *5* 日　　银付　字第 *6* 号

摘　要	借方科目		记账	金额								
	总账科目	明细科目		百	十	万	千	百	十	元	角	分
购入材料	材料采购		√				4	1	4	0	0	0
	应交税费	应交增值税（进项税额）	√					6	8	7	9	0
合计金额						¥	4	8	2	7	9	0

附单据 *1* 张

财会主管：　记账：　出纳：　复核：　制单：×××

转　账　凭　证

*201×*年 *12* 月 *5* 日　　转　字第 *9* 号

摘　要	会计科目		记账	借方金额									贷方金额								
	总账科目	明细科目		百	十	万	千	百	十	元	角	分	百	十	万	千	百	十	元	角	分
购入材料入库	原材料	辅助材料	√				3	8	0	0	0	0									
	材料成本差异	辅助材料	√					3	4	0	0	0									
购入材料入库	材料采购		√													4	1	4	0	0	0
合计金额						¥	4	1	4	0	0	0			¥	4	1	4	0	0	0

附单据 *5* 张

财会主管：　记账：　复核：　制单：×××

12-1

货物运输业增值税专用发票

No. 56677887

1234456670
56677887

发票联

开票日期：201×年 12 月 5 日

承运人及纳税人识别号	加盟运输服务公司 209338747575539			密码区	（略）		
实际受票方及纳税人识别号	大华钢铁股份有限公司 100345678911288						
收货人及纳税人识别号	大华钢铁股份有限公司 100345678911288			发货人及纳税人识别号	上海光明金属五金丝网厂 145237568907564		
起运地、经由、到达地	上海　北京						
费用项目及金额	费用项目	金额	费用项目	金额	运输货物信息	镀锌铁丝　1 000 千克	
	运费	270.27					
合计金额	270.27	税率	11%	税额	29.73	机器编号	12334566677
价税合计（大写）	叁佰元整					（小写）	￥300.00
车种车号		车船吨位		备注			
主管税务机关及代码	上海市国家税务局浦东分局 33245464767657						

收款人：洪敏　　复核人：祝芝山　　开票人：梁红　　承运人：

第三联　发票联　受票方记账凭证

12-2

上海增值税专用发票

0800081935　　发票联　　№ 02501744

开票日期：201×年 12 月 5 日

购买方	名　　称：大华钢铁公司 纳税人识别号：100345678911288 地 址 、电 话：010-85681153 开户行及账号：工商银行（0001-84497877）				密码区	（略）	
货物或应税劳务、服务名称	规格型号	单位	数量	单价	金额	税率	税额
20#镀锌铁丝		千克	1 000	3.87	3 870.00	17%	657.90
合　　计					3 870.00		657.90
价税合计（大写）	肆仟伍佰贰拾柒元玖角整				（小写）￥4 527.90		
销售方	名　　称：上海光明金属五金丝网厂 纳税人识别号：145237568907564 地 址 、电 话：021-44152788 开户行及账号：工商银行（6274258）				备注		

收款人：（略）　　复核：　　开票人：　　销售方：（章）

第一联：发票联　购买方记账凭证

12-3

中国工商银行信汇凭证　3

委托日期　201×年 12 月 5 日

<table>
<tr><td rowspan="3">汇款人</td><td>全　称</td><td colspan="3">大华钢铁公司</td><td rowspan="3">收款人</td><td>全　称</td><td colspan="3">上海光明金属五金丝网厂</td></tr>
<tr><td>账号或住址</td><td colspan="3">0001-84497877</td><td>账号或住址</td><td colspan="3">0021-8820910</td></tr>
<tr><td>汇出地点</td><td>北京 市</td><td>汇出行全称</td><td>市工商银行</td><td>汇入地点</td><td>上海 市</td><td>汇入行全称</td><td>市工商银行</td></tr>
<tr><td rowspan="2">金额</td><td rowspan="2">人民币（大写）</td><td rowspan="2" colspan="3">肆仟伍佰贰拾柒元玖角整</td><td colspan="5">百 十 万 千 百 十 元 角 分</td></tr>
<tr><td colspan="5">¥ 4 5 2 7 9 0（万 ¥，千 4，百 5，十 2，元 7，角 9，分 0）</td></tr>
<tr><td colspan="5">汇款用途：购料</td><td colspan="5"></td></tr>
<tr><td colspan="5">

单位主管　　　　会计</td><td colspan="5">科目（借）
对方科目（贷）
汇出行日期　201×.12.05　年　月　日
复核　　出纳　　记账</td></tr>
</table>

（印章：中国工商银行滨湖支行 201×.12.05 业务公章 (1)）

此联汇出行给付款人的付款通知

自制凭证：收料单、转账支票

---

13. 12 月 5 日，根据与能达有限公司达成的协议，公司用产品 ¢6.5mm 高速线材 10 吨交换发电机 1 台，¢6.5mm 高速线材账面成本为 35 000.00 元，公允价值为 40 000.00 元，能达有限公司另支付价差 4 000.00 元，此交易已完成，发生交易费用 800.00 元（除增值税以外不考虑其他税费）。

企业换入发电机产生的收益 = 40 000 − 40 000 ÷ 40 000 × 35 000 = 5 000.00（元）

换出库存商品增值税额 = 40 000 × 17% = 6 800.00（元）

换入发电机的成本 = 35 000 + 500 + 6 800 + 800 − 4 000 = 39 100.00（元）

转　账　凭　证

201×年 12 月 5 日　　　　转　字第 10 号

摘　要	会计科目		记账	借方金额									贷方金额								
	总账科目	明细科目		百	十	万	千	百	十	元	角	分	百	十	万	千	百	十	元	角	分
用线材交换发电机	固定资产	生产用发电机	√			3	9	1	0	0	0	0									
	银行存款		√				3	2	0	0	0	0									
用线材交换发电机	库存商品	¢6.5mm 高速线材	√												3	5	0	0	0	0	0
	应交税费	应交增值税（销项税额）	√													6	8	0	0	0	0
	营业外收入	非货币性交易收益	√														5	0	0	0	0
合计金额					¥	4	2	3	0	0	0	0		¥	4	2	3	0	0	0	0

附单据 4 张

财会主管：　　记账：　　复核：　　制单：×××

13-1

非货币性交易协议书

公司以 ¢6.5mm 高速线材 10 吨与能达有限公司的发电机 1 台交换，高速线材的账面成本为 35 000.00 元，公允价值为 40 000.00 元，适用税率 17%，能达有限公司另支付价差 4 000.00 元，发生交易费用 800.00 元。能达有限公司在支付价差及交付发电机的同时提走线材。

大华钢铁公司	能达有限公司
法定代表：蒋平	法定代表：刘海兴
201×年 12 月 5 日	201×年 12 月 5 日

13-2

中国工商银行进账单（收账通知） 3

201×年 12 月 5 日　　　　第 450 号

收款人	全称	大华钢铁公司	付款人	全称	能达有限公司
	账号	0001-84497877		账号	00201-5688779
	开户银行	工商银行		开户银行	交通银行

人民币（大写）	千	百	十	万	千	百	十	元	角	分
肆仟元整				¥	4	0	0	0	0	0

出票人名称或账号	种类	票据号码	百	十	万	千	百	十	元	角	分	
												中国工商银行滨湖支行 201×.12.05 收款人开户行盖章 （1）
单位主管　　会计　　复核　　记账												

此联是收款人开户银行交给收款人的收账通知

13-3

出 库 单

收货单位：能达有限公司　　　　201×年 12 月 5 日

编号	产品名称	规格	出库数量	单位	单价	成本总额
0001	高速线材	¢6.5mm	10	吨	3 500.00	35 000.00
备注				合计		35 000.00

收款人：（略）　　记账：　　收货人：　　填单：

13-4

固定资产验收单

201×年 12 月 5 日

资产名称	型号	数量	单价	资产保管部门	资产使用人	备注
发电机	S	1	39 100.00	设备科	大华钢铁公司	

验收人：（略）　　采购人：

14．12 月 6 日，上月从上海钢铁集团购入锰铁 30 吨在途材料已到达企业。现验收入库时发现短缺 2 吨，原因待查，购买单价为 6 580.00 元。

转 账 凭 证

201×年 12 月 6 日　　　　转　字第 11-1/2 号

摘　要	会计科目		记账	借方金额									贷方金额								
	总账科目	明细科目		百	十	万	千	百	十	元	角	分	百	十	万	千	百	十	元	角	分
购入材料入库	原材料	锰铁	√		1	8	4	8	0	0	0	0									
购入材料入库	材料采购	锰铁	√											1	8	4	2	4	0	0	0
	材料成本差异	原材料	√														5	6	0	0	0
合计金额				¥	1	8	4	8	0	0	0	0	¥	1	8	4	8	0	0	0	0

附单据 1 张

财会主管：　　记账：　　复核：　　制单：×××

转 账 凭 证

201×年 *12* 月 *6* 日　　　　转　字第 *11-2/2* 号

摘要	会计科目		记账	借方金额									贷方金额								
	总账科目	明细科目		百	十	万	千	百	十	元	角	分	百	十	万	千	百	十	元	角	分
购入材料发现短缺	应付账款	上海钢铁集团	√			1	5	3	9	7	2	0									
购入材料发现短缺	应交税费	应交增值税(进项税额转出)	√													2	2	3	7	2	0
	材料采购	锰铁	√												1	3	1	6	0	0	0
合计金额					¥	1	5	3	9	7	2	0		¥	1	5	3	9	7	2	0

附单据 *1* 张

财会主管：　　记账：　　复核：　　制单：×××

自制凭证：收料单、待处理财产损溢报告

15．12 月 6 日，公司应收前程建筑公司账款 300 000.00 元，因该公司无力偿还，经双方协商达成协议，用一辆办公用汽车抵债，该笔应收账款已提坏账准备 5 000.00 元，在办理产权过户手续过程中发生相关税费 2 000.00 元。另外又向对方支付 10 000.00 元作为补价。

转 账 凭 证

201×年 *12* 月 *6* 日　　　　转　字第 *12* 号

摘要	会计科目		记账	借方金额									贷方金额								
	总账科目	明细科目		百	十	万	千	百	十	元	角	分	百	十	万	千	百	十	元	角	分
收到抵债汽车	固定资产	非生产用——汽车	√		2	9	5	0	0	0	0	0									
	坏账准备	应收账款	√				5	0	0	0	0	0									
收到抵债汽车	应收账款	前程建筑公司	√											3	0	0	0	0	0	0	0
合计金额				¥	3	0	0	0	0	0	0	0	¥	3	0	0	0	0	0	0	0

附单据 *2* 张

财会主管：　　记账：　　复核：　　制单：×××

付 款 凭 证

贷方科目：银行存款　　　201×年12月6日　　　银付　字第7号

摘要	借方科目		记账	金额								
	总账科目	明细科目		百	十	万	千	百	十	元	角	分
收到抵债汽车支付补价及相关税费	固定资产	非生产用——汽车	√			1	2	0	0	0	0	0
合计金额					¥	1	2	0	0	0	0	0

附单据2张

财会主管：　　记账：　　出纳：　　复核：　　制单：×××

15-1

北京市事业单位收费收据

交款单位或个人：大华钢铁公司　　　201×年12月5日　　　№ 280077

京财字[2002]---00028

项目	单位	数量	标准	金额							说明：①本收据限用于事业单位非经营性收据，其他无效 ②本收据需加盖收款单位或收款人印章
				十	万	千	百	十	元	角	分
车辆过户费					¥	2	0	0	0	0	0
合计人民币（大写）贰仟元整											（小写）¥2 000.00

第二联　收据

收款单位：北京市公安局车辆管理所　　　收款人：李林

（印章：北京市公安局车辆管理所）

15-2

债务重组协议

甲方：前程建筑公司

乙方：大华钢铁公司

甲方201×年因向乙方采购形成30万元的应付账款到期后仍没能偿还（乙方已提坏账准备5 000.00元），直至今日。因公司现金流入减少，甲方向乙方申请进行债务重组，为了保障债权人（乙方）最大限度地收回债权，同时也为了缓解债务人（甲方）的资金困难，经协商，双方达成如下协议：

（1）免除积欠利息。

（2）同意甲方以一辆办公用汽车抵偿该债务。

（3）乙方以现金10 000.00元支付补价。

（4）约定抵债设备移交手续和现金支付手续在12月5日完成。债务重组后，双方仍保持贸易往来。

甲方：前程建筑公司　　　　　　　　　乙方：大华钢铁公司

法定代表人签字：张庆荣　　　　　　　法定代表人签字：蒋平

201×年12月5日　　　　　　　　　　　201×年12月5日

自制凭证：转账支票、固定资产验收单

16．12月5日，从本市汉江油品公司购入美孚合成1#机油400升，单价370.00元。销货方将机油送达公司并已验收入库，款已付讫。

付　款　凭　证

贷方科目：银行存款　　　　201×年12月5日　　　　银付　字第8号

摘　要	借方科目		记账	金额								
	总账科目	明细科目		百	十	万	千	百	十	元	角	分
购入合成机油	材料采购		√		1	4	8	0	0	0	0	0
	应交税费	应交增值税（进项税额）	√			2	5	1	6	0	0	0
合计金额				¥	1	7	3	1	6	0	0	0

附单据2张

财会主管：　　记账：　　出纳：　　复核：　　制单：×××

转　账　凭　证

201×年12月5日　　　　转　字第13号

摘　要	会计科目		记账	借方金额									贷方金额								
	总账科目	明细科目		百	十	万	千	百	十	元	角	分	百	十	万	千	百	十	元	角	分
购入合成机油入库	原材料	辅助材料（机油）	√		1	4	0	0	0	0	0	0									
	材料成本差异	辅助材料	√				8	0	0	0	0	0									
购入合成机油入库	材料采购		√											1	4	8	0	0	0	0	0
合计金额				¥	1	4	8	0	0	0	0	0	¥	1	4	8	0	0	0	0	0

附单据1张

财会主管：　　记账：　　复核：　　制单：×××

16-1

北京增值税专用发票

发票联

0010031172　　　　№ 0081999

开票日期：201×年12月5日

购买方	名　称：大华钢铁公司 纳税人识别号：100345678911288 地 址 、电 话：010-55681153 开户行及账号：工商银行（0001-84497877）				密码区	（略）		
货物或应税劳务、服务名称		规格型号	单位	数量	单价	金额	税率	税额
机油			升	400	370.00	148 000.00	17%	25 160.00
合　计						148 000.00		25 160.00
价税合计（大写）		壹拾柒万叁仟壹佰陆拾元整				（小写）¥173 160.00		
销售方	名　称：汉江油品公司 纳税人识别号：135465589567980 地 址 、电 话：010-54421657 开户行及账号：工商银行（5274316）				备注			

收款人：（略）　　复核：　　开票人：　　销售方：（章）

第一联：发票联　购买方记账凭证

自制凭证：转账支票、收料单

---

17. 12月5日，石化加油站转来上月汽油费有关单据，共14 000.00元，其中公司办公用3 000.00元，计入管理费用；生产用11 000.00元，计入销售费用。

付　款　凭　证

贷方科目：银行存款　　201×年12月5日　　银付　字第9号

摘　要	借方科目 总账科目	明细科目	记账	百	十	万	千	百	十	元	角	分
支付汽油费	管理费用		√				3	0	0	0	0	0
	销售费用	车队	√			1	1	0	0	0	0	0
	应交税费	应交增值税（进项税额）					2	3	8	0	0	0
合计金额					¥	1	6	3	8	0	0	0

附单据2张

财会主管：　　记账：　　出纳：　　复核：　　制单：×××

17-1

北京增值税专用发票

0100087654　　　　发票联　　　　№0757416

开票日期：201×年12月5日

购买方	名　　称：大华钢铁公司 纳税人识别号：100345678911288 地 址 、电 话：010-85681153 开户行及账号：工商银行（0001-84497877）					密码区	（略）	
货物或应税劳务、服务名称	规格型号	单位	数量	单价	金额	税率	税额	
汽油费		千克			11 965.82	17%	2 034.18	
合　计					11 965.82		2 034.18	
价税合计（大写）	壹万肆仟元整				（小写）¥14 000.00			
销售方	名　　称：中国石化股份有限公司北京分公司 纳税人识别号：135860789567980 地 址 、电 话：010-83028159 开户行及账号：建设银行（0102-5682697）					备注		

第一联：发票联　购买方记账凭证

收款人：（略）　　复核：　　开票人：　　销售方：（章）

自制凭证：转账支票存根

资料：12月6日，收到银行对账单。（不需要进行账务处理）

中国工商银行（　）对账单

账号：0001-84497877　　单位名称：大华钢铁公司　　币种：人民币

201×年 日期	凭证种类	凭证号	发生额 借方	发生额 贷方	余额	记账员
1201					1 490 790.00	0023
1201				3 000 000.00	4 490 790.00	0023
1202			150 000.00		4 340 790.00	0023
1203			300 000.00		4 040 790.00	0023
1203				20 000.00	4 060 790.00	0023
1204				3 200.00	4 063 990.00	0023
1204			5 000.00		4 058 990.00	0023
1204			23 000.00		4 035 990.00	0023
1205			4 827.90		4 031 162.10	0023
1205			12 000.00		4 019 162.10	0023
1205			173 160.00		3 846 002.10	0023
1205			16 380.00		3 829 622.10	0023
1205				1 680 000.00	5 509 622.10	0023

18. 12月6日，预付下年消防费5 600.00元，财产保险费35 000.00元。（消防费收据、财产保险收据、支票）

付款凭证

贷方科目：银行存款　　201×年12月6日　　银付　字第10号

摘要	借方科目		记账	金额								
	总账科目	明细科目		百	十	万	千	百	十	元	角	分
预付保险费等	长期待摊费用	消防费	√				5	6	0	0	0	0
	长期待摊费用	保险费	√			3	5	0	0	0	0	0
合计金额					¥	4	0	6	0	0	0	0

附单据4张

财会主管：　记账：　出纳：　复核：　制单：×××

18-1

北京市事业单位收费收据

交款单位或个人：大华钢铁公司　　201×年12月6日　　№ 250086

京财字[2002]---000028

项目	单位	数量	标准	金额								说明：①本收据限用于事业单位非经营性收据，其他无效 ②本收据需加盖收款单位或收款人印章。
				十	万	千	百	十	元	角	分	
201×年度消防费					¥	5	6	0	0	0	0	
合计人民币（大写）伍仟陆佰元整				（小写）¥5 600.00								

第二联 收据

（印章：北京市消防大队）

收款单位：北京市消防大队　　收款人：方小令

18-2

太平洋财产保险公司

保险费专用发票（发票联）

邮编：100082

地址：北京市朝阳区　　京地税（201×）第一版（2）

收款日期：

投保人：大华钢铁公司　　签发日期：201×年12月6日

被保人：大华钢铁公司　　保险合同编号：

本公司已收到您缴付的201×年度保险费人民币（大写）叁万伍仟元整

（小写）¥35 000.00

（印章：太平洋财产保险公司 301860789567980 发票专用章）

保险代理人：张明　　代理人编号：45600

营业单位编号：

报销凭证

自制凭证：转账支票存根2张

19. 12月6日，兑付2年期的国库券1 500 000.00元，收回本息，年利率6%，一次还本付息。

收 款 凭 证

借方科目：银行存款　　201×年 12 月 6 日　　银收 字第 3 号

摘要	贷方科目 总账科目	明细科目	记账	金额 百	十	万	千	百	十	元	角	分
兑付国库券	持有至到期投资	债券投资（面值）	√	1	5	0	0	0	0	0	0	0
	持有至到期投资	债券投资（应计利息）	√			9	0	0	0	0	0	0
	投资收益		√			9	0	0	0	0	0	0
合计金额				1	6	8	0	0	0	0	0	0

附单据 1 张

财会主管：　记账：　出纳：　复核：　制单：×××

19-1　中国工商银行进账单（收账通知）3

201×年 12 月 6 日　　第 894 号

收款人 全称	大华钢铁公司	付款人 全称	工商银行市支行
账号	0001-84497877	账号	0001-5510522
开户银行	工商银行	开户银行	工商银行
人民币（大写）	壹佰陆拾捌万元整	千百十万千百十元角分	¥1 6 8 0 0 0 0 0 0

出票人名称或账号	种类	票据号码	百	十	万	千	百	十	元	角	分
工商银行市支行 0001-5510522			1	6	8	0	0	0	0	0	0
兑付国库券	本金		1	5	0	0	0	0	0	0	0
	利息			1	8	0	0	0	0	0	0

单位主管　会计　复核　记账

收款人开户行盖章　中国工商银行淮湖支行 业务公章（1）

此联是收款人开户银行交给收款人的收账通知

20. 12 月 6 日，企业购买华京商贸股份有限公司发行的公司债券，面值 240 000.00 元，发行价 300 000.00 元，年利率 7%，期限 3 年，每半年计息一次，债券到期还本付息，支付佣金及手续费 1 600.00 元。

付 款 凭 证

贷方科目：银行存款　　201×年 12 月 6 日　　银付 字第 11 号

摘要	借方科目 总账科目	明细科目	记账	金额 百	十	万	千	百	十	元	角	分
买入债券	持有至到期投资	面值	√		2	4	0	0	0	0	0	0
		利息调整	√			6	1	6	0	0	0	0
合计金额				¥	3	0	1	6	0	0	0	0

附单据 2 张

财会主管：　记账：　出纳：　复核：　制单：×××

20-1

债券代管凭证

201×年 12 月 6 日

客户名称	大华钢铁公司	地址	北京市滨湖路 28 号
证券名称	公司债券	代保管证券总面值	（大写）贰拾肆万元整
手续费	1 600.00	发行价	（大写）叁拾万元整
年利率	7%	付息日期	半年
保管起讫日期	从 201×年 12 月 6 日起至 201×+3 年 12 月 6 日	备注	代发行公司： 诚信证券公司（章）

制单：王优胜　　复核：林莉　　收券：江苏

20-2

中国工商银行　转账支票存根

支票号码　4674

附加信息

科目：持有至到期投资

对方科目：银行存款

出票日期 201×年 12 月 6 日

收款人：	华京商贸股份有限公司
金　额：	¥301 600.00
用　途：	购买公司债券

单位主管：石骏　　会计：林立

---

21. 12 月 6 日，从华钢工贸股份有限公司购买焦炭 500 吨，2 500.00 元/吨，由本公司车队负责运输，共发生运输费用 6 800.00 元。焦炭已验收入库，货款尚未支付，运输途中发生自然损耗 0.5 吨。

付　款　凭　证

贷方科目：银行存款　　201×年 12 月 6 日　　银付　字第 12 号

摘　要	借方科目 总账科目	明细科目	记账	百	十	万	千	百	十	元	角	分
购入焦炭	销售费用	车队	√				6	8	0	0	0	0
合计金额						¥	6	8	0	0	0	0

附单据 2 张

财会主管：　　记账：　　出纳：　　复核：　　制单：×××

转 账 凭 证

201×年 12 月 6 日　　　　转　字第 14 号

摘　要	会计科目		记账	借方金额									贷方金额								
	总账科目	明细科目		百	十	万	千	百	十	元	角	分	百	十	万	千	百	十	元	角	分
购入焦炭	材料采购	焦炭	√	1	2	5	0	0	0	0	0	0									
	应交税费	应交增值税（进项税额）	√		2	1	2	5	0	0	0	0									
购入焦炭	应付账款	华钢工贸股份有限公司	√										1	4	6	2	5	0	0	0	0
合计金额				1	4	6	2	5	0	0	0	0	1	4	6	2	5	0	0	0	0

附单据 1 张

财会主管：　　记账：　　复核：　　制单：×××

转 账 凭 证

201×年 12 月 6 日　　　　转　字第 15 号

摘　要	会计科目		记账	借方金额									贷方金额								
	总账科目	明细科目		百	十	万	千	百	十	元	角	分	百	十	万	千	百	十	元	角	分
材料入库	原材料	焦炭	√	1	2	5	9	7	3	9	0	0									
材料入库	材料成本差异	原材料	√													9	7	3	9	0	0
	材料采购	焦炭	√										1	2	5	0	0	0	0	0	0
合计金额				1	2	5	9	7	3	9	0	0	1	2	5	9	7	3	9	0	0

附单据 1 张

财会主管：　　记账：　　复核：　　制单：×××

21-1

北京增值税专用发票

发票联

0100086599　　　　№ 03881098

开票日期：201×年 12 月 6 日

购买方	名　　称：大华钢铁公司 纳税人识别号：100345678911288 地 址 、电 话：010-55681153 开户行及账号：工商银行（0001-84497877）				密码区	（略）	
货物或应税劳务、服务名称	规格型号	单位	数量	单价	金额	税率	税额
焦炭		吨	500	2 500.00	1 250 000.00	17%	212 500.00
合　计					1 250 000.00		212 500.00
价税合计（大写）	壹佰肆拾陆万贰仟伍佰元整					（小写）¥1 462 500.00	
销售方	名　　称：华钢工贸股份有限公司 纳税人识别号：132860789567980 地 址 、电 话：010-85681153 开户行及账号：工商银行（0001-6668888）				备注	华钢工贸股份有限公司 132860789567980 发票专用章	

第一联：发票联　购买方记账凭证

收款人：（略）　　复核：　　开票人：　　销售方：（章）

21–2 公司车队出车单

服务部门：材料库 201×年12月7日

出车时间					出车人	出车事由	出车里程	结算价格（元/公里）	金额
月	日	至	月	日					
12	6	–	12	7	刘真	运输材料	100公里	68.00	6 800.00

主管：王右 部门领导：张权 填表人：刘真

22. 12月7日，从鞍山矿购入铁矿石2 500吨，810.00元/吨，发生包装费13 000.00元，铁路运输费用13 000.00元，保险费1 200.00元，货款2 500 000.00元已于上月预付。材料已到达企业并验收入库，发现短缺3吨，经查明是运输途中由于自然原因造成的，应按货物价款的50%取得保险赔款。

付 款 凭 证

贷方科目：银行存款 201×年12月7日 银付 字第13号

摘要	借方科目		记账	金额								
	总账科目	明细科目		百	十	万	千	百	十	元	角	分
支付购入材料的包装费	材料采购	铁矿石	√			1	3	0	0	0	0	0
合计金额					¥	1	3	0	0	0	0	0

附单据 1 张

财会主管： 记账： 出纳： 复核： 制单：×××

转 账 凭 证

201×年12月7日 转 字第16–1/3号

摘要	会计科目		记账	借方金额									贷方金额								
	总账科目	明细科目		百	十	万	千	百	十	元	角	分	百	十	万	千	百	十	元	角	分
购入材料	材料采购	铁矿石	√	2	0	3	8	2	9	0	0	0									
	应交税费	应交增值税（进项税额）	√		3	4	5	1	6	0	0	0									
购入材料	预付账款	鞍山矿	√										2	3	8	3	4	5	0	0	0
合计金额				2	3	8	3	4	5	0	0	0	2	3	8	3	4	5	0	0	0

附单据 1 张

财会主管： 记账： 复核： 制单：×××

转 账 凭 证

201×年 12 月 7 日　　　　　　转　字第 16-2/3 号

摘要	会计科目		记账	借方金额									贷方金额								
	总账科目	明细科目		百	十	万	千	百	十	元	角	分	百	十	万	千	百	十	元	角	分
材料入库	原材料	铁矿石	√	1	9	9	7	6	0	0	0	0									
	材料成本差异	原材料	√			3	8	2	4	4	0	5									
材料入库	材料采购	铁矿石	√										2	0	3	5	8	4	4	0	5
合计金额				2	0	3	5	8	4	4	0	5	2	0	3	5	8	4	4	0	5

附单据 1 张

财会主管：　　记账：　　复核：　　制单：×××

转 账 凭 证

201×年 12 月 7 日　　　　　　转　字第 16-3/3 号

摘要	会计科目		记账	借方金额									贷方金额								
	总账科目	明细科目		百	十	万	千	百	十	元	角	分	百	十	万	千	百	十	元	角	分
材料发生损耗	其他应收款	保险赔偿	√				1	2	1	5	0	0									
	营业外支出	非常损失	√				1	6	4	5	1	4									
材料发生损耗	材料采购	铁矿石	√													2	4	4	5	9	5
	应交税费	应交增值税（进项税额转出）	√														4	1	4	1	9
合计金额						¥	2	8	6	0	1	4			¥	2	8	6	0	1	4

附单据 1 张

财会主管：　　记账：　　复核：　　制单：×××

22-1

北京铁路局货物运输发票

发　票　联

（全国统一发票监制章 国家税务总局监制）

京（203114）字
地

№ 0414594

发票代码：
发票号码（印制号）：
发票号码（机打号）：038879

开票日期：201×年12月7日

收　货　人 纳税人识别号	大华钢铁公司 100345678911288	承　运　人 纳税人识别号	北京市铁路局货运公司 100345663577288
起运地 到达地 车号（船号）	鞍山 北京 	发　货　人 纳税人识别号	
运输项目及金额	铁矿石2 500吨 单价：810.00元	取得运输发票单位 纳税人识别号	
		其他项目及金额	保险费：1 200.00 仓储费： 吊车费： 票签费： 提送货费：
运费小计	¥13 000.00	其他费用小计	¥1 200.00
运杂费合计 （大写）	壹万肆仟贰佰元整		（小写）¥14 200.00
代开单位 名称及代码	100345663511288	扣缴税款 完税凭证号码	

（印章：北京市铁路局货运公司 发票专用章）

代开单位盖章：　　开票人：　　税控码：

机器编号：

22-2

辽宁增值税专用发票

发票联

0410086599 № 02881455

开票日期：201×年12月7日

<table>
<tr><td rowspan="4">购买方</td><td colspan="4">名　　称：大华钢铁公司</td><td rowspan="4">密码区</td><td colspan="3" rowspan="4">（略）</td></tr>
<tr><td colspan="4">纳税人识别号：100345678911288</td></tr>
<tr><td colspan="4">地 址 、电 话：010-55681153</td></tr>
<tr><td colspan="4">开户行及账号：工商银行（0001-84497877）</td></tr>
<tr><td colspan="2">货物或应税劳务、服务名称</td><td>规格型号</td><td>单位</td><td>数量</td><td>单价</td><td>金额</td><td>税率</td><td>税额</td></tr>
<tr><td colspan="2">铁矿石</td><td></td><td>吨</td><td>2 500</td><td>810.00</td><td>2 025 000.00</td><td>17%</td><td>344 250.00</td></tr>
<tr><td colspan="2">合　计</td><td></td><td></td><td></td><td></td><td>2 025 000.00</td><td></td><td>344 250.00</td></tr>
<tr><td colspan="2">价税合计（大写）</td><td colspan="7">贰佰叁拾陆万玖仟贰佰伍拾元整　　（小写）￥2 369 250.00</td></tr>
<tr><td rowspan="4">销售方</td><td colspan="4">名　　称：鞍山铁矿公司</td><td rowspan="4">备注</td><td colspan="3" rowspan="4"></td></tr>
<tr><td colspan="4">纳税人识别号：210537568907564</td></tr>
<tr><td colspan="4">地 址 、电 话：0412-85681153</td></tr>
<tr><td colspan="4">开户行及账号：工商银行（0001-8370344）</td></tr>
</table>

第一联：发票联 购买方记账凭证

收款人：（略）　　复核：　　开票人：　　销售方：（章）

22-3

收料单

供货单位：鞍山铁矿公司　　凭证编号：略

收料日期：201×年12月7日　　收料仓库：略

收料类别	材料编号	材料名称及规格	计量单位	数量		金额（元）			
				应收	实收	单价	买价	运杂费	合计
	002	铁矿石	吨	2 500	2 497	810.00	2 021 644.05	14 200	2 035 844.05
备注：短缺3吨							合计		

仓库保管员：（签章）　　收料人：（签章）

23. 12月8日，签发一张商业承兑汇票，期限1个月，偿还前欠华钢工贸股份有限公司购买焦炭的货款。

转 账 凭 证

201×年 12 月 8 日　　　　转　字第 17 号

摘　要	会计科目		记账	借方金额									贷方金额								
	总账科目	明细科目		百	十	万	千	百	十	元	角	分	百	十	万	千	百	十	元	角	分
签商业汇票抵贷款	应付账款	华钢工贸股份有限公司	√	1	4	6	2	5	0	0	0	0									
签商业汇票抵贷款	应付票据	商业承兑汇票	√										1	4	6	2	5	0	0	0	0
合计金额				1	4	6	2	5	0	0	0	0	1	4	6	2	5	0	0	0	0

附单据 1 张

财会主管：　　　记账：　　　复核：　　　制单：×××

23-1

商业承兑汇票（卡片）　1

Ⅵ　X 3278956

签发日期（大写）贰零零×年壹拾贰月零捌日　　　　第 0109 号

付款人	全　称	大华钢铁公司			收款人	全　称	华钢工贸股份有限公司									
	账　号	0001-84497877				账　号	0001-6668888									
	开户银行	工商银行	行号			开户银行	工商银行	行号								
汇票金额		人民币（大写）壹佰肆拾陆万贰仟伍佰元整					千	百	十	万	千	百	十	元	角	分
							¥	1	4	6	2	5	0	0	0	0
汇票到期日		201×+1 年 1 月 8 日		交易合同号码												
本汇票已经本单位承兑，到期日无条件支付票款。此致 付款人 付款人盖章 大华钢铁公司 100345678911288 财务专用章 负责　经办　201×年　月　日					中国工商银行滨湖支行 汇票签发人盖章 201×.12.08 业务公章（1） 负责　经办											

此联（承兑人）付款人留存

24. 12 月 8 日，付车辆管理所年检费 20 000.00 元。计入管理费用 5 100.00 元，计入销售费用 14 900.00 元。

付 款 凭 证

贷方科目：银行存款　　　　201×年 12 月 8 日　　　　银付　字第 14 号

摘　要	借方科目		记账	金额									
	总账科目	明细科目		百	十	万	千	百	十	元	角	分	附单据2张
付车辆年检费	管理费用		√				5	1	0	0	0	0	
	销售费用	车队	√			1	4	9	0	0	0	0	
合计金额					¥	2	0	0	0	0	0	0	

财会主管：　　记账：　　出纳：　　复核：　　制单：×××

24-1　　**专用收款收据**　　№124002

201×年 12 月 8 日

交款单位或交款人	大华钢铁公司	交款人盖章		第三联
交款事由	201×年度车辆年检费			收据联
金　额	人民币（大写）贰万元整　　¥20 000.00			

公章：　　会计：江峰　　出纳：黄鸥丽

自制凭证：转账支票存根

---

25. 12 月 8 日，提现金 6 000.00 元，备用。

付 款 凭 证

贷方科目：银行存款　　　　201×年 12 月 8 日　　　　银付　字第 15 号

摘　要	借方科目		记账	金额									
	总账科目	明细科目		百	十	万	千	百	十	元	角	分	附单据1张
提取备用金	库存现金		√				6	0	0	0	0	0	
合计金额						¥	6	0	0	0	0	0	

财会主管：　　记账：　　出纳：　　复核：　　制单：×××

自制凭证：现金支票存根

---

26. 12 月 8 日，收到沈阳漫源物资经销公司的货款 894 200.00 元，存入银行。

收　款　凭　证

借方科目：银行存款　　　　201×年12月8日　　　　银收　字第4号

摘　要	贷方科目		记账	金额								
	总账科目	明细科目		百	十	万	千	百	十	元	角	分
收回货款	应收账款	沈阳漫源物资经销公司	√		8	9	4	2	0	0	0	0
合计金额				¥	8	9	4	2	0	0	0	0

附单据1张

财会主管：　　记账：　　出纳：　　复核：　　制单：×××

26-1　　中国工商银行**委托收款**结算凭证（收款通知）　4

委托日期201×年12月8日　　　　托收号码　第2309号

收款单位	全称	大华钢铁公司	付款单位	全称	沈阳漫源物资经销公司
	账号	0001-84497877		账号	056-4276283
	开户银行	工商银行		开户银行	交通银行

托收金额	人民币（大写）	捌拾玖万肆仟贰佰元整	千	百	十	万	千	百	十	元	角	分
				¥	8	9	4	2	0	0	0	0

附件	商品交运情况	合同名称号码
附寄单证张数或册数		
备注：	款项收妥日期 201×年12月8日	收款单位开户银行盖章 201×年12月8日

中国工商银行滨湖支行 201×.12.09 业务公章（1）

27．12月9日，公司采用分期收款方式，销售给大成建设公司¢12mm螺纹钢100吨，3 500.00元/吨，库存产品成本3 100.00元/吨，按合同规定第一次收款60%，其余款分两次收回。代垫运费14 000.00元。

付　款　凭　证

贷方科目：银行存款　　　　201×年12月9日　　　　银付　字第16号

摘　要	借方科目		记账	金额								
	总账科目	明细科目		百	十	万	千	百	十	元	角	分
代垫分期收款销售运费	应收账款	大成建设公司	√			1	4	0	0	0	0	0
合计金额					¥	1	4	0	0	0	0	0

附单据1张

财会主管：　　记账：　　出纳：　　复核：　　制单：×××

转 账 凭 证

201×年 12 月 9 日 转 字第 18-1/2 号

摘要	总账科目	明细科目	记账	借方金额（百十万千百十元角分）	贷方金额（百十万千百十元角分）
分期收款销售商品	发出商品		√	31000000	
分期收款销售商品	库存商品	螺纹钢	√		31000000
合计金额				¥31000000	¥31000000

附单据 2 张

财会主管： 记账： 复核： 制单：×××

转 账 凭 证

201×年 12 月 9 日 转 字第 18-2/2 号

摘要	总账科目	明细科目	记账	借方金额（百十万千百十元角分）	贷方金额（百十万千百十元角分）
分期收款销售商品	应收账款	大成建设公司	√	24570000	
分期收款销售商品	主营业务收入		√		21000000
	应交税费	应交增值税（销项税额）	√		3570000
合计金额				¥24570000	¥24570000

附单据 2 张

财会主管： 记账： 复核： 制单：×××

27-1

北京铁路局货物运输发票

发 票 联

（全国统一发票监制章 北京 地方税务局监制）

京地（203114）字

发票号码（印制号）：

开票日期：201× 年 12 月 9 日 发票号码（机打号）：038844

收货人 纳税人识别号	大成建设公司 2138790635780034	承运人 纳税人识别号	北京市铁路局货运公司 100345663511288
起运地 到达地 车号（船号）	北京 济南	发货人 纳税人识别号	
运输项目及金额	¢12mm 螺纹钢 100 吨， 单价：3 500.00 元	取得运输发票单位 纳税人识别号	
		其他项目及金额	保险费： 仓储费： 吊车费： 票签费： 提送货费：
运费小计	14 000.00	其他费用小计	
运杂费合计（大写）	壹万肆仟元整	（小写）	¥14 000.00
代开单位名称及代码		扣缴税款完税凭证号码	

（北京市铁路局货运公司 100345663511288 发票专用章）

代开单位盖章： 开票人： 税控码：

27-2

中国工商银行**托收凭证**（受理回单） **1** 托收号码 第6009号

委托日期 *201×*年 *12* 月 *9* 日

收款单位	全　称	大华钢铁公司	付款单位	全　称	大成建设公司
	账　号	*0001-84497877*		账　号	*0003-4276993*
	开户银行	工商银行		开户银行	建设银行

		千	百	十	万	千	百	十	元	角	分
托收金额	人民币（大写）贰拾伍万玖仟柒佰元整		¥	*2*	*5*	*9*	*7*	*0*	*0*	*0*	*0*

附　件	商品交运情况	合同名称号码
附寄单证张数或册数		
备注：	款项收妥日期 年　月　日	中国工商银行滨湖支行 201×.12.09 业务公章 （1） 收款单位开户银行盖章 年　月　日

27-3

北京增值税专用发票

全国统一发票监制章 北京 国家税务总局监制

记账联

0100086574　　　　№ 03891391

开票日期：*201×*年 *12* 月 *9* 日

购买方	名　称：大成建设公司 纳税人识别号：*2138790635780034* 地址、电话：*010-38975609* 开户行及账号：建设银行（*0003-4276993*）			密码区	（略）		
货物及应税劳务、服务名称	规格型号	单位	数量	单价	金额	税率	税额
螺纹钢	*ϕ12*mm	吨	*60*	*3 500.00*	*210 000.00*	*17%*	*35 700.00*
合　计					*210 000.00*		*35 700.00*
价税合计（大写）	贰拾肆万伍仟柒佰元整				（小写）¥ *245 700.00*		
销售方	名　称：大华钢铁公司 纳税人识别号：*100345678911288* 地址、电话：*010-55681153* 开户行及账号：工商银行（*0001-84497877*）			备注	主管税务机关及代码：*221056* 大华钢铁公司 100345678911288 发票专用章		

第三联：记账联 销售方的记账凭证

收款人：（略）　　复核：　　开票人：　　销货方：（章）

27-4

出库单

收货单位：大成建设公司　　201×年12月9日

编号	产品名称	规格	出库数量	单位	单价	成本总额
0003	螺纹钢	¢12mm	100	吨	3 100.00	310 000.00
备注				合计		310 000.00

收款人：（略）　记账：　收货人：　填单：

28. 12月9日，发工资。

付款凭证

贷方科目：银行存款　　201×年12月9日　　银付　字第17号

摘要	借方科目 总账科目	明细科目	记账	百	十	万	千	百	十	元	角	分
发工资	应付职工薪酬		√		6	8	1	2	8	9	0	0
合计金额				¥	6	8	1	2	8	9	0	0

附单据1张

财会主管：　记账：　出纳：　复核：　制单：×××

转账凭证

201×年12月9日　　转　字第19号

摘要	会计科目 总账科目	明细科目	记账	借方 百	十	万	千	百	十	元	角	分	贷方 百	十	万	千	百	十	元	角	分
发工资	应付职工薪酬		√		1	5	7	4	0	0	0	0									
发工资	其他应付款	代扣医疗保险金	√												4	6	8	0	0	0	0
		代扣住房公积金	√												5	7	4	0	0	0	0
	应交税费	应交个人所得税	√												5	3	2	0	0	0	0
合计金额				¥	1	5	7	4	0	0	0	0	¥	1	5	7	4	0	0	0	0

附单据1张

财会主管：　记账：　复核：　制单：×××

28-1

大华钢铁公司工资结算汇总表

***201*×年 *12* 月 *9* 日**

部门	标准工资	工资性津贴	奖金	应付职工薪酬	各项扣款	实发工资
炼铁车间：	125 400.00	7 900.00	23 380.00	156 680.00	38 000.00	118 680.00
生产工人	110 000.00	5 800.00	20 100.00	135 900.00	25 000.00	110 900.00
管理人员	15 400.00	2 100.00	3 280.00	20 780.00	13 000.00	7 780.00
炼钢车间：	108 000.00	6 100.00	39 509.00	153 609.00	56 000.00	97 609.00
生产工人	79 000.00	3 600.00	36 400.00	119 000.00	46 000.00	73 000.00
管理人员	29 000.00	2 500.00	3 109.00	34 609.00	10 000.00	24 609.00
轧钢车间：	223 000.00	11 298.00	19 602.00	253 900.00	33 000.00	220 900.00
生产工人	187 000.00	5 200.00	9 800.00	202 000.00	24 000.00	178 000.00
管理人员	36 000.00	6 098.00	9 802.00	51 900.00	9 000.00	42 900.00
机修车间	49 000.00	2 900.00	6 100.00	58 000.00	5 800.00	52 200.00
供电车间	16 000.00	3 890.00	4 710.00	24 600.00	4 500.00	20 100.00
公司管理部门	113 500.00	4 800.00	10 200.00	128 500.00	12 500.00	116 000.00
福利部门	17 900.00	3 580.00	7 420.00	28 900.00	3 000.00	25 900.00
在建工程	25 000.00	6 000.00	3 500.00	34 500.00	4 600.00	29 900.00
合　计	677 800.00	46 468.00	114 421.00	838 689.00	157 400.00	681 289.00

各项扣款说明：①代扣医疗保险金 46 800.00 元记入“其他应付款”；②代扣住房公积金 57 400.00 元直接记入“其他应付款”；③代扣个人所得税 53 200.00 元直接记入“应交税费——应交个人所得税”。

自制凭证：转账支票存根

---

29. 12 月 9 日，销售给华钢工贸股份有限公司 ¢25mm 螺纹钢 200 吨，3 600.00 元/吨，货已出库，款暂未收。

转　账　凭　证

***201*×年 *12* 月 *9* 日　　　　转　字第 *20* 号**

摘　要	会计科目		记账	借方金额									贷方金额								
	总账科目	明细科目		百	十	万	千	百	十	元	角	分	百	十	万	千	百	十	元	角	分
销售商品	应收账款	华钢工贸股份有限公司	√		8	4	2	4	0	0	0	0									
销售商品	主营业务收入		√											7	2	0	0	0	0	0	0
	应交税费	应交增值税（销项税额）	√											1	2	2	4	0	0	0	0
合计金额				¥	8	4	2	4	0	0	0	0	¥	8	4	2	4	0	0	0	0

附单据 *3* 张

财会主管：　　　　记账：　　　　复核：　　　　制单：×××

29-1

销 售 合 同

大华钢铁公司销售给华钢工贸股份有限公司 ¢25mm 螺纹钢 200 吨，3 600.00 元/吨，价税合计为 842 400.00 元，货款未收。经双方协商，若购货方在 20 天内付款，将给予按应收款项计算的 1% 的折扣。

销售方：李丰　　　　购货方：陈东

201×年 12 月 9 日　　　　201×年 12 月 9 日

（合同专用章）　　　　（合同专用章）

29-2

北京增值税专用发票

记账联

0100086574　　　　№ 03891392

开票日期：201×年 12 月 9 日

购买方	名称：华钢工贸股份有限公司 纳税人识别号：132860789567980 地址、电话：010-28976459 开户行及账号：工商银行（0001-6668888）				密码区	（略）	
货物或应税劳务、服务名称	规格型号	单位	数量	单价	金额	税率	税额
螺纹钢	¢25mm	吨	200	3 600.00	720 000.00	17%	122 400.00
合计					720 000.00		122 400.00
价税合计（大写）	捌拾肆万贰仟肆佰元整				（小写）¥ 842 400.00		
销售方	名称：大华钢铁公司 纳税人识别号：100345678911288 地址、电话：010-55681153 开户行及账号：工商银行（0001-84497877）				备注	主管税务机关及代码：221056	

第三联：记账联 销售方的记账凭证

收款人：（略）　　复核：　　开票人：　　销货方：（章）

29-3

出 库 单

收货单位：华钢工贸股份有限公司　　201×年 12 月 9 日

编号	产品名称	规格	出库数量	单位	单价	成本总额
0004	螺纹钢	¢25mm	200	吨	3 290.00	658 000.00
备注				合计		658 000.00

收款人：（略）　　记账：　　收货人：　　填单：

30. 12 月 9 日，上缴上月增值税、城建税。（税收缴款单，与期初余额相关）

付 款 凭 证

贷方科目：银行存款　　　201×年 12 月 9 日　　　银　付字第 18 号

摘　要	借方科目		记账	金额								
	总账科目	明细科目		百	十	万	千	百	十	元	角	分
上缴上月增值税、城建税	应交税费	应交增值税	√		2	5	0	0	0	0	0	0
		应交城建税	√			1	7	5	0	0	0	0
合计金额				¥	2	6	7	5	0	0	0	0

附单据 1 张

财会主管：　　记账：　　出纳：　　复核：　　制单：×××

30-1

中华人民共和国
税收通用缴款书

（国）

填发日期 201×年 12 月 9 日　　　征收机关：北京市国税局

缴款单位（人）		预算账户	
代　码	010511230388	编　码	
全　称	大华钢铁公司	名　称	增值税
开户银行	北京市工商银行滨湖路分理处	级　次	中央 75%，地方 25%
账　号	0001-84497877	收款国库	北京市分库

税款所属时期：201×年 11 月 1 日至 201×年 11 月 30 日　　税款限缴日期：201×年 12 月 10 日

品目名称	课税数量	计税金额或销售收入	税率或单位税额	已缴或扣除额	实缴金额
增值税			17%		¥250 000.00
金额合计（大写）人民币贰拾伍万元整					¥250 000.00

缴款单位（盖章）经办人（章）	税务机关（盖章）填票人（章）	上述款项已收妥并划转收款单位账户 国库（银行）盖章 201×年 12 月 9 日	备注
大华钢铁公司 1003456789112888 财务专用章 石骏印	北京市朝阳区国家税务局 征税专用章	北京市工商银行 滨湖路分理处 201×年12月8日 转讫	

逾期不缴按税法规定加收滞纳金

第一联国库（银行）收款盖章后退缴款人作完税凭证

30-2

中华人民共和国

税收通用缴款书 (地)

填发日期 201×年 12 月 9 日　　征收机关：北京市地税局

缴款单位（人）	代码	010511230388	预算账户	编码	
	全称	大华钢铁公司		名称	城建税
	开户银行	北京市工商银行滨湖路分理处		级次	
	账号	0001-84497877	收款国库		
税款所属时期：201×年 11 月 1 日至 201×年 11 月 30 日				税款限缴日期：201×年 12 月 10 日	

品目名称	课税数量	计税金额或销售收入	税率或单位税额	已缴或扣除额	实缴金额
城建税			7%		¥17 500.00
金额合计（大写）人民币壹万柒仟伍百元整					¥17 500.00

缴款单位（盖章）经办人（章）	税务机关（盖章）填票人（章）	上述款项已收妥并划转收款单位账户 国库（银行）盖章 201×年 12 月 9 日	备注

逾期不缴按税法规定加收滞纳金

第一联国库（银行）收款盖章后退缴款人作完税凭证

---

31. 12 月 9 日，公司按合同委托抚顺钢铁公司加工一批花纹板，发出 120#钢坯 20 吨，成本 2 680.00 元/吨，支付往返运杂费 3 000.00 元，加工费用 12 800.00 元。

付 款 凭 证

贷方科目：银行存款　　201×年 12 月 9 日　　银付 字第 19 号

摘要	借方科目 总账科目	明细科目	记账	百	十	万	千	百	十	元	角	分
支付委托加工物资加工费等	委托加工物资	花纹板	√			1	5	5	0	3	0	0
	应交税费	应交增值税（进项税额）	√				2	4	7	3	0	0
合计金额					¥	1	7	9	7	6	0	0

附单据 3 张

财会主管：　记账：　出纳：　复核：　制单：×××

转　账　凭　证

201×年 12 月 9 日　　　　转　字第 21 号

摘　要	会计科目		记账	借方金额									贷方金额								
	总账科目	明细科目		百	十	万	千	百	十	元	角	分	百	十	万	千	百	十	元	角	分
支付委托加工物资	委托加工物资	花纹板	√			5	3	6	0	0	0	0									
支付委托加工物资	自制半成品	钢坯	√												5	3	6	0	0	0	0
合计金额					¥	5	3	6	0	0	0	0		¥	5	3	6	0	0	0	0

附单据 3 张

财会主管：　　　记账：　　　复核：　　　制单：×××

31–1

货物运输业增值税专用发票

发票联

No. 66598037

开票日期：201×年 12 月 9 日

承运人及纳税人识别号	北京市铁路局货运公司 100345663577288	密码区	（略）
实际受票方及纳税人识别号	抚顺钢铁公司 210860094567980		
收货人及纳税人识别号	抚顺钢铁公司 210860094567980	发货人及纳税人识别号	大华钢铁公司 100345678911288
起运地、经由、到达地	北京　济南		
费用项目及金额	费用项目　金额　费用项目　金额 运费　2 703	运输货物信息	钢坯 20 吨
合计金额	2 703　税率 11%　税额 297	机器编号	26354837185
价税合计（大写）	叁仟元整	（小写）	¥3 000. 00
车种车号	车船吨位	备注	北京市铁路局货运公司 100345663577288 发票专用章
主管税务机关及代码	北京市国家税务局通州分局 21562541248973		

第三联　发票联　受票方记账凭证

收款人：　　　复核人：　　　开票人：　　　承运人：

31–2

委托加工合同

甲方：大华钢铁公司

乙方：抚顺钢铁公司

经甲乙双方协商，由甲方委托乙方将120#钢坯20吨加工成花纹板，加工费 12 800. 00 元（不含税）及运杂费 3 000. 00 元，在货物运到后支付，乙方应保证加工产品的质量，如果质量不符，一切后果均由乙方负责。加工时间为 30 天。

甲方负责人：李林　　　　　　乙方负责人：黄勇

201×年 12 月 9 日　　　　　　201×年 12 月 9 日

31-3

辽宁增值税专用发票

全国统一发票监制章 发票联 国家税务总局监制

043086394　　　　　　　　　　　　№ 044338135

开票日期：201×年12月9日

购买方	名　　称：大华钢铁公司 纳税人识别号：100345678911288 地 址 、电 话：010-55681153 开户行及账号：工商银行（0001-84497877）				密码区	（略）	
货物或应税劳务、服务名称	规格型号	单位	数量	单价	金额	税率	税额
花纹板加工费		吨	20		12 800.00	17%	2 176.00
合　　计					12 800.00		2 176.00
价税合计（大写）	壹万肆仟玖佰柒拾陆元整				（小写）¥14 976.00		
销售方	名　　称：抚顺钢铁公司 纳税人识别号：210860094567980 地 址 、电 话：0413-88981176 开户行及账号：工商银行（0001-6768594）				备注	抚顺钢铁公司 210860094567980 发票专用章	

收款人：（略）　　复核：　　开票人：　　销售方：（章）

第一联：发票联　购买方记账凭证

自制凭证：转账支票存根2张、发料单

32.12月10日，提取并发放职工困难补助款150 000.00元。

付款凭证

贷方科目：银行存款　　　　201×年12月10日　　　　银付　字20号

摘要	借方科目		记账	金额								
	总账科目	明细科目		百	十	万	千	百	十	元	角	分
提取并发放职工困难补助款	库存现金		√		1	5	0	0	0	0	0	0
合计金额				¥	1	5	0	0	0	0	0	0

附单据1张

财会主管：　　记账：　　出纳：　　复核：　　制单：×××

付款凭证

贷方科目：库存现金　　　　201×年12月10日　　　　现付　字第1号

摘要	借方科目		记账	金额								
	总账科目	明细科目		百	十	万	千	百	十	元	角	分
提取并发放职工困难补助款	应付职工薪酬		√		1	5	0	0	0	0	0	0
合计金额				¥	1	5	0	0	0	0	0	0

附单据1张

财会主管：　　记账：　　出纳：　　复核：　　制单：×××

32-1

职工困难补助明细表

201×年12月10日

部门	补助金额	签字	备注
炼铁车间	35 000.00	王佳	
炼钢车间	25 690.00	张小莉	
轧钢车间	46 220.00	吕司	
辅助车间	12 900.00	管绘	
管理部门	30 190.00	林静	
合　计	150 000.00		

财务负责人：石骏　　　　　　　　出纳：林立

32-2

中国工商银行　现金支票存根

支票号码　1289

附加信息

科目：应付职工薪酬

对方科目：库存现金

出票日期 *201×年12月10日*

收款人：	职工
金　额：	¥150 000.00
用　途：	困难补助

单位主管：石骏　会计：林立

---

33. 12月10日，由于生产需要购入大同矿石灰石1 000吨，价格为101.40元/吨，运输费用20 000.00元，由对方垫付，款暂欠，材料已运达企业并验收入库。

转　账　凭　证

201×年12月10日　　　　转　字第22-1/2号

摘　要	会计科目		记账	借方金额									贷方金额								
	总账科目	明细科目		百	十	万	千	百	十	元	角	分	百	十	万	千	百	十	元	角	分
采购原材料	材料采购	石灰石	√		1	2	0	0	0	0	0	0									
	应交税费	应交增值税（进项税额）	√			1	8	6	3	8	0	0									
采购原材料	应付账款	山西大同矿	√											1	3	8	6	3	8	0	0
合计金额				¥	1	3	8	6	3	8	0	0	¥	1	3	8	6	3	8	0	0

附单据2张

财会主管：　　　记账：　　　复核：　　　制单：×××

转 账 凭 证

201×年 12 月 10 日　　　　转 字第 22-2/2 号

摘要	会计科目		记账	借方金额									贷方金额								
	总账科目	明细科目		百	十	万	千	百	十	元	角	分	百	十	万	千	百	十	元	角	分
采购原材料	原材料	石灰石	√		1	2	5	0	0	0	0	0									
采购原材料	材料采购	石灰石	√											1	2	0	0	0	0	0	0
	材料成本差异	原材料	√													5	0	0	0	0	0
合计金额				¥	1	2	5	0	0	0	0	0	¥	1	2	5	0	0	0	0	0

附单据 1 张

财会主管：　　记账：　　复核：　　制单：×××

33-1

山西省货物运输发票

发 票 联

晋（203114）字
地

№ 0334593

发票代码：

发票号码（印制号）：

开票日期：201×年 12 月 10 日　　发票号码（机打号）：033379

收货人 纳税人识别号	大华钢铁公司 100345678911288	承运人 纳税人识别号	山西鸿运货运公司 0334123457890487
起运地 到达地 车号（船号）	大同 北京	发货人 纳税人识别号	
运输项目及金额	石灰石 1 000 吨 单价：101.40 元	取得运输发票单位 纳税人识别号	
		其他项目及金额	保险费： 仓储费： 吊车费： 票签费： 提送货费：
运费小计	¥20 000.00	其他费用小计	
运杂费合计（大写）	贰万元整	（小写）¥20 000.00	
代开单位名称及代码		扣缴税款完税凭证号码	

代开单位盖章：　　开票人：　　税控码：

机器编号：

（印章：全国统一发票监制章 山西 国家税务总局监制；山西鸿运货运公司 0334123457890487 发票专用章）

33-2

山西增值税专用发票

033086599 发票联 № 03381455

开票日期：201×年 12 月 10 日

购买方	名　　称：大华钢铁公司 纳税人识别号：100345678911288 地 址 、电 话：010-55681153 开户行及账号：工商银行（0001-84497877）				密码区	（略）		
货物或应税劳务、服务名称	规格型号	单位	数量	单价	金额	税率	税额	
石灰石		吨	1 000	101.40	101 400.00	17%	17 238.00	
合　计					101 400.00		17 238.00	
价税合计（大写）	壹拾壹万捌仟陆佰叁拾捌元整				（小写）¥118 638.00			
销售方	名　　称：山西矿石公司 纳税人识别号：410860094567980 地 址 、电 话：0352-8681153 开户行及账号：工商银行（0001-6660344）				备注			

收款人：（略）　复核：　开票人：　销售方：（章）

第一联：发票联　购买方记账凭证

33-3

收　料　单

供货单位：山西矿石公司　凭证编号：略

收料日期：201×年 12 月 10 日　收料仓库：略

收料类别	材料编号	材料名称及规格	计量单位	数量		金额（元）			
				应收	实收	单价	买价	运杂费	合计
	001	石灰石	吨	1 000	1 000	101.40	118 638.00	20 000.00	138 638.00
备注：						合计			

仓库保管员：（签章）　收料人：（签章）

34. 12 月 10 日，向贫困地区小学捐赠价值 68 000.00 元的电脑及办公用品。

转 账 凭 证

201×年 12 月 10 日　转　字第 23 号

摘　要	总账科目	明细科目	记账	借方金额	贷方金额
向贫困地区小学捐赠	营业外支出	捐赠支出	√	6800000	
向贫困地区小学捐赠	管理费用		√		6800000
合计金额				¥6800000	¥6800000

财会主管：　记账：　复核：　制单：×××

附单据 1 张

34-1 　　　　**捐赠说明**

大华钢铁公司向昌平希望小学捐赠一批电脑和办公用品，价值**68 000.00**元，以上捐赠物品已经由接受单位验收。

201×年*12*月*10*日
大华钢铁公司

---

35. 12月10日，向鞍山钢铁厂出售自制半成品95#钢坯200吨，单位售价3 000.00元。

收 款 凭 证

借方科目：银行存款 　　*201*×年*12*月*10*日 　　银收 字第*5*号

摘 要	贷方科目		记账	金额								
	总账科目	明细科目		百	十	万	千	百	十	元	角	分
向鞍山钢铁厂出售自制半成品	主营业务收入	销售半成品	√		6	0	0	0	0	0	0	0
	应交税费	应交增值税（销项税额）	√		1	0	2	0	0	0	0	0
合计金额				¥	7	0	2	0	0	0	0	0

附单据*3*张

财会主管： 　记账： 　出纳： 　复核： 　制单：×××

35-1 　　中国工商银行**进账单**（收账通知） **3**

201×年*12*月*10*日 　　第4570号

收款人	全 称	大华钢铁公司				付款人	全 称	鞍山钢铁厂			
	账 号	0001-84497877					账 号	0040-5688779			
	开户银行	工商银行					开户银行	交通银行			

人民币（大写）	千	百	十	万	千	百	十	元	角	分
柒拾万贰仟元整		¥	7	0	2	0	0	0	0	0

出票人名称或账号	种类	票据号码	百	十	万	千	百	十	元	角	分

单位主管 　会计 　复核 　记账

此联是收款人开户银行交给收款人的收账通知

中国工商银行滨湖支行
201×.12.10
业务公章
（1）

35-2

北京增值税专用发票

国统一发票监制 北京 国家税务总局监制

记账联

0100086574　　　　№ 03891393

开票日期：201×年 12 月 10 日

购买方	名　　称：鞍山钢铁厂 纳税人识别号：378223990901257 地 址 、电 话：0412-37778909 开户行及账号：交通银行（0040-5688779）	密码区	（略）

货物或应税劳务、服务名称	规格型号	单位	数量	单价	金额	税率	税额
钢坯	95#	吨	200	3 000.00	600 000.00	17%	102 000.00
合　计					600 000.00		102 000.00
价税合计（大写）	柒拾万贰仟元整				（小写）¥ 702 000.00		

销售方	名　　称：大华钢铁公司 纳税人识别号：100345678911288 地 址 、电 话：010-55681153 开户行及账号：工商银行（0001-84497877）	备注	主管税务机关及代码：221056

大华钢铁公司 100345678911288 发票专用章

收款人：（略）　　复核：　　开票人：　　销货方（章）

第三联：记账联　销售方的记账凭证

35-3

出　库　单

收货单位：鞍山钢铁厂　　　201×年 12 月 10 日

编号	产品名称	规格	出库数量	单位	单价	成本总额
0006	钢坯	95%	200	吨	2 320.00	464 000.00
备注				合计		464 000.00

收款人：（略）　　记账：　　收货人：　　填单：

36. 12 月 11 日，接到税务部门的通知，支付税收滞纳金 2 000.00 元。

付 款 凭 证

贷方科目：银行存款　　　201×年 12 月 11 日　　　银付 字第 21 号

摘要	借方科目		记账	金额									
	总账科目	明细科目		百	十	万	千	百	十	元	角	分	
支付税收滞纳金	营业外支出	罚款支出	√				2	0	0	0	0	0	附单据 1 张
合计金额						¥	2	0	0	0	0	0	

财会主管：　　记账：　　出纳：　　复核：　　制单：×××

36-1

税务局罚款通知单

由于大华钢铁公司欠交 10 月份处置固定资产收入的营业税，税款已于 11 月份补交，另需缴纳税收滞纳金 2 000.00 元。

北京朝阳区地税分局

201×年 12 月 11 日

---

37. 12 月 11 日，机修车间一台设备报废，账面原始价值 16 000.00 元，已提折旧 15 000.00 元，清理过程中变价收入 2 000.00 元，收到一张支票。

转 账 凭 证

201×年 12 月 11 日　　　转 字第 24-1/2 号

摘要	会计科目		记账	借方金额									贷方金额									
	总账科目	明细科目		百	十	万	千	百	十	元	角	分	百	十	万	千	百	十	元	角	分	
设备报废清理	固定资产清理		√				1	0	0	0	0	0										附单据 2 张
	累计折旧		√			1	5	0	0	0	0	0										
设备报废清理	固定资产	生产用	√												1	6	0	0	0	0	0	
合计金额					¥	1	6	0	0	0	0	0		¥	1	6	0	0	0	0	0	

财会主管：　　记账：　　复核：　　制单：×××

转 账 凭 证

201×年 12 月 11 日　　　　转 字第 24–2/2 号

摘要	会计科目		记账	借方金额									贷方金额								
	总账科目	明细科目		百	十	万	千	百	十	元	角	分	百	十	万	千	百	十	元	角	分
设备报废清理	固定资产清理		√				1	0	0	0	0	0									
设备报废清理	营业外收入	清理固定资产收入	√													1	0	0	0	0	0
合计金额						¥	1	0	0	0	0	0			¥	1	0	0	0	0	0

附单据 2 张

财会主管：　　记账：　　复核：　　制单：×××

收 款 凭 证

借方科目：银行存款　　201×年 12 月 11 日　　银收 字第 6 号

摘要	贷方科目		记账	金额								
	总账科目	明细科目		百	十	万	千	百	十	元	角	分
设备报废清理	固定资产清理		√				2	0	0	0	0	0
合计金额						¥	2	0	0	0	0	0

附单据 2 张

财会主管：　　记账：　　出纳：　　复核：　　制单：×××

37–1

固定资产报废申请书

申报单位：大华钢铁公司　　　　厂固定资产编号：0202

名称	车床	出厂时间	1997.5	出厂编号	0015
型号、规格	88	投产时间	1997.6	单位	1 台
制造厂	南京机床厂	使用单位	机修车间		
原值（元）	16 000.00	净值（元）	1 000.00		
已折旧（元）	15 000.00	残值（元）			
报废原因	已满预计使用年限				
资产管理部门意见	同意报废 201× 年 12 月 11 日	厂部意见	同意报废 201×年 12 月 11 日		

37-2

北京增值税专用发票

0100086574 记账联 № 03891393

开票日期：201×年12月11日

<table>
<tr><td rowspan="4">购买方</td><td colspan="5">名 称：废旧物资回收站</td><td rowspan="4">密码区</td><td colspan="3" rowspan="4">（略）</td></tr>
<tr><td colspan="5">纳税人识别号：324354786769902</td></tr>
<tr><td colspan="5">地 址、电 话：010-85682655</td></tr>
<tr><td colspan="5">开户行及账号：交通银行（0033-485688876）</td></tr>
<tr><td colspan="2">货物或应税劳务、服务名称</td><td>规格型号</td><td>单位</td><td>数量</td><td>单价</td><td colspan="2">金额</td><td>税率</td><td>税额</td></tr>
<tr><td colspan="2">废旧金属</td><td>95#</td><td>吨</td><td></td><td></td><td colspan="2">1 960.78</td><td>2%</td><td>39.22</td></tr>
<tr><td colspan="2">合 计</td><td></td><td></td><td></td><td></td><td colspan="2">1 960.78</td><td></td><td>39.22</td></tr>
<tr><td colspan="2">价税合计（大写）</td><td colspan="5">贰仟元整</td><td colspan="3">（小写）￥2 000.00</td></tr>
<tr><td rowspan="4">销售方</td><td colspan="5">名 称：大华钢铁公司</td><td rowspan="4">备注</td><td colspan="3" rowspan="4">大华钢铁公司
100345678911288
主管税务机关及代码：221056
发票专用章</td></tr>
<tr><td colspan="5">纳税人识别号：100345678911288</td></tr>
<tr><td colspan="5">地 址、电 话：010-55681153</td></tr>
<tr><td colspan="5">开户行及账号：工商银行（0001-84497877）</td></tr>
</table>

收款人：（略） 复核： 开票人： 销货方：（章）

第三联：记账联 销售方的记账凭证

37-3

中国工商银行进账单（收账通知） 3

201×年12月11日 第0908号

<table>
<tr><td rowspan="3">收款人</td><td>全 称</td><td colspan="8">大华钢铁公司</td><td rowspan="3">付款人</td><td>全 称</td><td colspan="10">废旧物资回收站</td></tr>
<tr><td>账 号</td><td colspan="8">0001-84497877</td><td>账 号</td><td colspan="10">0033-485688876</td></tr>
<tr><td>开户银行</td><td colspan="8">工商银行</td><td>开户银行</td><td colspan="10">交通银行</td></tr>
<tr><td colspan="2" rowspan="2">人民币（大写）</td><td colspan="10" rowspan="2">贰仟元整</td><td>千</td><td>百</td><td>十</td><td>万</td><td>千</td><td>百</td><td>十</td><td>元</td><td>角</td><td>分</td></tr>
<tr><td></td><td></td><td></td><td>￥</td><td>2</td><td>0</td><td>0</td><td>0</td><td>0</td><td>0</td></tr>
<tr><td colspan="2">出票人名称或账号</td><td>种类</td><td>票据号码</td><td>百</td><td>十</td><td>万</td><td>千</td><td>百</td><td>十</td><td>元</td><td>角</td><td>分</td><td colspan="10" rowspan="3">中国工商银行滨湖支行
201×.12.11
业务公章
（1）
收款人开户行盖章</td></tr>
<tr><td colspan="2"></td><td></td><td></td><td></td><td></td><td></td><td></td><td></td><td></td><td></td><td></td><td></td></tr>
<tr><td colspan="13">单位主管 会计 复核 记账</td></tr>
</table>

此联是收款人开户银行交给收款人的收账通知

38. 12月12日，从本市石化公司购入重油200吨，单价1 470.00元，签发一张商业承兑汇票，付款期限40天，材料已到达企业并验收入库，支付市内运杂费3 000.00元（计入销售费用）。

转 账 凭 证

201×年 12 月 12 日　　　　转　字第 25-1/2 号

摘　要	会计科目		记账	借方金额（百十万千百十元角分）	贷方金额（百十万千百十元角分）
	总账科目	明细科目			
购入重油	材料采购	重油	√	29400000	
	应交税费	应交增值税（进项税额）	√	4998000	
	销售费用		√	300000	
购入重油	应付票据	石化公司	√		34698000
合计金额				¥34698000	¥34698000

附单据 3 张

财会主管：　　记账：　　复核：　　制单：×××

转 账 凭 证

201×年 12 月 12 日　　　　转　字第 25-2/2 号

摘　要	会计科目		记账	借方金额（百十万千百十元角分）	贷方金额（百十万千百十元角分）
	总账科目	明细科目			
购入重油	原材料	重油	√	29000000	
	材料成本差异	原材料	√	400000	
购入重油	材料采购	重油	√		29400000
合计金额				¥29400000	¥29400000

附单据 1 张

财会主管：　　记账：　　复核：　　制单：×××

38-1

公司车队出车单

服务部门：材料库　　201×年 12 月 12 日

出车时间					出车人	出车事由	出车里程	结算价格（元/公里）	金额
月	日	至	月	日					
12	12	—	12	12	刘真	运输重油	10 公里	300.00	3 000.00

主管：王右　　部门领导：张权　　填表人：刘真

38-2

商业承兑汇票（卡片） 1

Ⅵ X0178998

签发日期（大写）贰零零×年 壹拾贰月壹拾贰日　　第0909号

付款人	全称	大华钢铁公司		收款人	全称	北京市石化公司	
	账号	0001-84497877			账号	0001-66560344	
	开户银行	工商银行	行号		开户银行	工商银行	行号
汇票金额	人民币（大写）叁拾肆万陆仟玖佰捌拾元整				千百十万千百十元角分	¥34698000	
汇票到期日	201×年 1月22日			交易合同号			
本汇票已经本单位承兑，到期日无条件支付票款。此致　付款人　付款人盖章　负责　经办　201×年1月12日				汇票签发人盖章　负责　经办			

印章：大华钢铁公司 100345678911288 财务专用章；中国工商银行滨湖支行 201×.12.12 业务公章（1）

此联（承兑人）付款人留存

38-3

北京增值税专用发票

001086507　　发票联　　№ 0338456

（印章：全国统一发票监制章 北京 国家税务总局监制）

开票日期：201×年12月12日

购买方	名称：大华钢铁公司 纳税人识别号：100345678911288 地址、电话：010-55681153 开户行及账号：工商银行（0001-84497877）			密码区	（略）		
货物或应税劳务、服务名称	规格型号	单位	数量	单价	金额	税率	税额
重油		吨	200	1 470.00	294 000.00	17%	49 980.00
合计					294 000.00		49 980.00
价税合计（大写）	叁拾肆万叁仟玖佰捌拾元整				（小写）¥343 980.00		
销售方	名称：北京市石化公司 纳税人识别号：425460094567980 地址、电话：010-58681187 开户行及账号：工商银行（0001-66560344）			备注			

收款人：（略）　复核：　开票人：　销售方：（章）

（印章：北京市石化公司 425460094567980 发票专用章）

第一联：发票联　购买方记账凭证

38-4

收料单

供货单位：北京市石化公司　　　　凭证编号：略

收料日期：201×年 12 月 12 日　　　　收料仓库：略

收料类别	材料编号	材料名称及规格	计量单位	数量		金额（元）			
				应收	实收	单价	买价	运杂费	合计
	008	重油	吨	200	200	1 470.00	294 000.00	3 000.00	294 000.00
备注：运杂费为市内运费						合计			

仓库保管员：（签章）　　　　收料人：（签章）

39. 12 月 12 日，由于山西合田钢厂生产急需，公司将库存废钢 500 吨进行调剂销售，价格为 2 200.00 元/吨，由对方自行提货，款已收到。

收 款 凭 证

借方科目：银行存款　　　　201×年 12 月 12 日　　　　银收　字第 7 号

摘　要	贷方科目		记账	金额								
	总账科目	明细科目		百	十	万	千	百	十	元	角	分
废钢调剂销售	其他业务收入	销售材料	√	1	1	0	0	0	0	0	0	0
	应交税费	应交增值税（销项税额）	√		1	8	7	0	0	0	0	0
合计金额				1	2	8	7	0	0	0	0	0

附单据 2 张

财会主管：　　记账：　　出纳：　　复核：　　制单：×××

转 账 凭 证

201×年 12 月 12 日　　　　转　字第 26 号

摘　要	会计科目		记账	借方金额									贷方金额								
	总账科目	明细科目		百	十	万	千	百	十	元	角	分	百	十	万	千	百	十	元	角	分
废钢调剂销售	其他业务成本	材料成本	√		9	5	0	0	0	0	0	0									
废钢调剂销售	原材料	废钢	√											9	5	0	0	0	0	0	0
合计金额				¥	9	5	0	0	0	0	0	0	¥	9	5	0	0	0	0	0	0

附单据 1 张

财会主管：　　记账：　　复核：　　制单：×××

39-1

中国工商银行进账单（收账通知） 3

201×年 12 月 12 日　　　　第 236 号

收款人	全称	大华钢铁公司	付款人	全称	山西合田钢厂
	账号	0001-84497877		账号	0033-478698871
	开户银行	工商银行		开户银行	交通银行

人民币（大写）		千	百	十	万	千	百	十	元	角	分
	壹佰贰拾捌万柒仟元整	¥	1	2	8	7	0	0	0	0	0

出票人名称或账号	种类	票据号码	百	十	万	千	百	十	元	角	分

单位主管　　会计　　复核　　记账

收款人开户行盖章

中国工商银行滨湖支行 201×.12.12 业务公章 (1)

此联是收款人开户银行交给收款人的收账通知

39-2

北京增值税专用发票

全国统一发票监制章 北京 国家税务总局监制

记账联

0100086574　　№ 03891394

开票日期：201×年 12 月 12 日

购买方	名称：山西合田钢厂 纳税人识别号：328790901876005 地址、电话：3057-23789567 开户行及账号：交通银行（0033-478698871）	密码区	（略）

货物或应税劳务、服务名称	规格型号	单位	数量	单价	金额	税率	税额
废钢		吨	500	2 200.00	1 100 000.00	17%	187 000.00
合计					1 100 000.00		187 000.00
价税合计（大写）	壹佰贰拾捌万柒仟元整				（小写）¥ 1 287 000.00		

销售方	名称：大华钢铁公司 纳税人识别号：100345678911288 地址、电话：010-55681153 开户行及账号：工商银行（0001-84497877）	备注	主管税务机关及代码：221056

大华钢铁公司 100345678911288 发票专用章

收款人：（略）　　复核：　　开票人：　　销售方：（章）

第三联：记账联　销售方的记账凭证

39-3

出 库 单

收货单位：山西合田钢厂　　　　201×年 12 月 12 日

编号	产品名称	规格	出库数量	单位	单价	成本总额
004	废钢	6～8mm	500	吨	1 900.00	950 000.00
备注				合计		950 000.00

收款人：(略)　　记账：　　收货人：　　填单：

40. 12 月 12 日，车间领用劳动保护品 62 858.00 元，采用一次摊销法。

转 账 凭 证

201×年 12 月 12 日　　　　转　字第 27-1/2 号

摘　要	会计科目		记账	借方金额									贷方金额								
	总账科目	明细科目		百	十	万	千	百	十	元	角	分	百	十	万	千	百	十	元	角	分
劳动保护品摊销	制造费用	炼铁车间	√			1	4	9	0	0	0	0									
		炼钢车间	√			1	7	0	4	0	0	0									
		轧钢车间	√			2	7	9	1	8	0	0									
劳动保护品摊销	周转材料	劳动保护品	√												5	9	8	5	8	0	0
合计金额					¥	5	9	8	5	8	0	0		¥	5	9	8	5	8	0	0

附单据 1 张

财会主管：　　记账：　　复核：　　制单：×××

转 账 凭 证

201×年 12 月 12 日　　　　转　字第 27-2/2 号

摘　要	会计科目		记账	借方金额									贷方金额								
	总账科目	明细科目		百	十	万	千	百	十	元	角	分	百	十	万	千	百	十	元	角	分
劳动保护品摊销	生产成本	机修车间	√				1	0	0	0	0	0									
		供电车间	√				2	0	0	0	0	0									
劳动保护品摊销	周转材料	劳动保护品	√													3	0	0	0	0	0
合计金额						¥	3	0	0	0	0	0			¥	3	0	0	0	0	0

附单据 6 张

财会主管：　　记账：　　复核：　　制单：×××

40-1

领用劳动保护品记录

201×年 12 月 12 日

金额单位：元

领料部门	明细项目	单位价格	数量	金额
炼铁车间	工作服	200.00	50 套	10 000.00
	工作鞋	68.00	50 双	3 400.00
	手　套	15.00	100 付	1 500.00
炼钢车间	工作服	200.00	60 套	12 000.00
	工作鞋	68.00	60 双	4 080.00
	手　套	15.00	64 付	960.00
轧钢车间	工作服	200.00	86 套	17 200.00
	工作鞋	68.00	86 双	5 848.00
	保护眼镜	45.00	86 付	3 870.00
	手　套	15.00	40 付	600.00
	毛　巾	5.00	80 条	400.00
机修车间	手　套	15.00	40 付	600.00
	毛　巾	5.00	80 条	400.00
供电车间	工 作 服	200.00	10 套	2 000.00
合　计				62 858.00

自制凭证：领料单 5 张

---

41. 12 月 13 日，供电车间购电脑软件用于供电系统数据分析，价值 4 500.00 元。

付　款　凭　证

贷方科目：银行存款　　　　*201×年 12 月 13 日*　　　　银付　字第 *22* 号

摘　要	借方科目		记账	金额								
	总账科目	明细科目		百	十	万	千	百	十	元	角	分
供电车间购电脑软件	生产成本	辅助生产车间（供电）	√				4	5	0	0	0	0
合计金额						¥	4	5	0	0	0	0

附单据 *2* 张

财会主管：　　记账：　　出纳：　　复核：　　制单：×××

41-1

北京地方税务局通用机打发票

发票联

发票代码 *12434432572*

开票日期：*201×*年 *12* 月 *13* 日　　行业分类：软件销售　　发票号码 *12343255772*

机打代码：*1243443257*　　机打号码：*123432557*　　检验码：*23443556787980342*

付款方名称：大华钢铁公司　　付款方纳税人代码：*10034567891128*

开具项目	数量	单价	金额
数据分析费	*1*	*4 500.00*	*4 500.00*

合计（大写金额）：肆仟伍佰元整

备注：

开票方名称：光大软件公司　　开票方纳税人代码：*12334543389734*　　开票员　何大春

第一联　发票联（付款方记账凭证）（手开无效）

自制凭证：转账支票

---

42. 12 月 13 日，委托华钢工贸股份有限期公司代销 ¢6.5mm 高速线材 300 吨，代销价格位 3 970.00 元/吨，采用收取手续费方式代销。

转　账　凭　证

*201×*年 *12* 月 *13* 日　　　　转　字第 *28* 号

摘要	会计科目		记账	借方金额									贷方金额								
	总账科目	明细科目		百	十	万	千	百	十	元	角	分	百	十	万	千	百	十	元	角	分
委托代销高速线材	发出商品	¢6.5mm 高速线材	√	*1*	*0*	*5*	*0*	*0*	*0*	*0*	*0*	*0*									
委托代销高速线材	库存商品	¢6.5mm 高速线材	√										*1*	*0*	*5*	*0*	*0*	*0*	*0*	*0*	*0*
合计金额				*1*	*0*	*5*	*0*	*0*	*0*	*0*	*0*	*0*	*1*	*0*	*5*	*0*	*0*	*0*	*0*	*0*	*0*

附单据 *2* 张

财会主管：　　记账：　　复核：　　制单：×××

42-1

代　销　协　议

今由大华钢铁公司委托华钢工贸股份有限公司　　材 300 吨，代销价格为 3 970.00 元/吨，采用收取手续费方式代销。在销售完成后，委托方应支付受托方手续费 59 550.00 元。

委托方：孙全民　　　　受托方：夏经树

201×年 12 月 13 日　　　　201×年 12 月 13 日

42-2

出 库 单

收货单位：华钢工贸股份有限公司　　　　201×年 12 月 13 日

编号	产品名称	规格	出库数量	单位	单价	成本总额
0001	高速线材	Ø6.5mm	300	吨	3 500.00	1 050 000.00
备注				合计		1 050 000.00

收款人：（略）　　　记账：　　　收货人：　　　填单：

43. 12 月 13 日，公司持有一张应收红光建筑公司的 60 天到期（11 月 1 日签发）的无息票据，票面价值 89 000.00 元，银行月贴现利率 6.20%。由于需资金购料，向银行申请贴现。

收 款 凭 证

借方科目：银行存款　　　　201×年 12 月 13 日　　　　银收　字第 8 号

摘 要	贷方科目		记账	金额								
	总账科目	明细科目		百	十	万	千	百	十	元	角	分
票据贴现	应收票据		√			8	5	8	7	3	1	3
合计金额					¥	8	5	8	7	3	1	3

附单据 1 张

财会主管：　　记账：　　出纳：　　复核：　　制单：×××

转 账 凭 证

201×年 12 月 13 日　　　　转　字第 29 号

摘 要	会计科目		记账	借方金额									贷方金额								
	总账科目	明细科目		百	十	万	千	百	十	元	角	分	百	十	万	千	百	十	元	角	分
票据贴现	财务费用		√				3	1	2	6	8	7									
票据贴现	应收票据		√													3	1	2	6	8	7
合计金额						¥	3	1	2	6	8	7			¥	3	1	2	6	8	7

附单据 1 张

财会主管：　　记账：　　复核：　　制单：×××

43-1

中国工商银行贴现凭证（收账通知）

填写日期 201×年 12 月 13 日

申请人	全　称	大华钢铁公司	贴现汇票	种　类	商业承兑汇票	号码 Ⅵ X2378569
	账　号	0001-84497877		发票日	201×年 11 月 1 日	
	开户银行	工行银行天桥分理处		到期日	201×+1 年 1 月 1 日	
汇票承兑人（或银行）	名称	红光建筑公司	账号	90875543	开户银行	工商银行上海分行
汇票金额（即贴现金额）	人民币（大写）	捌万玖仟元整			千百十万千百十元角分	¥8900000
贴现率	6.2%	贴现利息	千百十万千百十元角分 ¥312687	实付现金额	千百十万千百十元角分	¥8587313

上述款项已入你单位账户。

此致

201×.12.13 业务公章

银行盖章

201×年 12 月 13 日

---

44. 12 月 15 日，收到银行通知收到存款利息 3 500.00 元。

收　款　凭　证

借方科目：银行存款　　201×年 12 月 15 日　　银收　字第 9 号

摘　要	贷方科目 总账科目	明细科目	记账	金额 百十万千百十元角分
收到存款利息	财务费用		√	350000
合计金额				¥350000

附单据 1 张

财会主管：　记账：　出纳：　复核：　制单：×××

44-1

中国工商银行计算利息清单

大华钢铁公司　　201×年 12 月 15 日　　账号：0001-84497877

起息日期	结息日期	天数	积数	利率	利息
201×/9/20	201×/12/20	92	4 375 000	0.8‰	3 500.00

上列存款利息，已照付你单位第 0001-84497877 号账户

（工商银行盖章）

备注：

201×.12.15 业务公章 (1)

---

45. 12 月 15 日，炼钢车间 2 号锅炉进行改扩建，工期预计 20 天，由锅炉研究所设计，机修车间承担扩建工作（自营工程），采购工程物资 45 630.00 元，发生其他支出 3 600.00元（前期工程改造设计费）。

付 款 凭 证

贷方科目：银行存款　　　　201×年 12 月 15 日　　　　银付　字第 23 号

摘　要	借方科目		记账	金额								
	总账科目	明细科目		百	十	万	千	百	十	元	角	分
采购工程物资	工程物资		√			4	5	6	3	0	0	0
	应交税费	应交增值税（进项税额）	√				7	7	5	7	1	0
合计金额					¥	5	3	3	8	7	1	0

附单据 2 张

财会主管：　　记账：　　出纳：　　复核：　　制单：×××

付 款 凭 证

贷方科目：银行存款　　　　201×年 12 月 15 日　　　　银付　字第 24 号

摘　要	借方科目		记账	金额								
	总账科目	明细科目		百	十	万	千	百	十	元	角	分
2 号锅炉进行大修理	在建工程	自营工程	√				3	6	0	0	0	0
	应交税费	应交增值税（进项税额）	√					2	1	6	0	0
合计金额						¥	3	8	1	6	0	0

附单据 2 张

财会主管：　　记账：　　出纳：　　复核：　　制单：×××

转 账 凭 证

201×年 12 月 15 日　　　　转　字第 30 号

摘　要	会计科目		记账	借方金额									贷方金额								
	总账科目	明细科目		百	十	万	千	百	十	元	角	分	百	十	万	千	百	十	元	角	分
2 号锅炉进行大修理	在建工程	自营工程	√			4	5	6	3	0	0	0									
	工程物资		√												4	5	6	3	0	0	0
合计金额					¥	4	5	6	3	0	0	0		¥	4	5	6	3	0	0	0

附单据 1 张

财会主管：　　记账：　　复核：　　制单：×××

45-1

北京增值税专用发票

发票联

0100054876　　　　№ 040043

开票日期：201×年 12 月 15 日

购买方	名　　称：大华钢铁公司 纳税人识别号：100345678911288 地 址 、电 话：010-55681153 开户行及账号：工商银行（0001-84497877）				密码区	（略）	
货物或应税劳务、服务名称	规格型号	单位	数量	单价	金额	税率	税额
锅炉改造设计费		吨			3 600	6%	216
合　计					3 600		216
价税合计（大写）	叁仟捌佰壹拾陆元整				（小写）￥3 816.00		
销售方	名　　称：北京锅炉研究所 纳税人识别号：567980135860789 地 址 、电 话：010-88159302 开户行及账号：建设银行（0102-2697568）				备注		

第一联：发票联　购买方记账凭证

收款人：（略）　　复核：　　开票人：　　销售方：（章）

45-2

北京增值税专用发票

发票联

0100076548　　　　№ 0750978

开票日期：201×年 12 月 15 日

购买方	名　　称：大华钢铁公司 纳税人识别号：100345678911288 地 址 、电 话：010-55681153 开户行及账号：工商银行（0001-84497877）				密码区	（略）	
货物或应税劳务、服务名称	规格型号	单位	数量	单价	金额	税率	税额
锅炉配件		吨			45 630.00	17%	7 757.10
合　计					45 630.00		7 757.10
价税合计（大写）	伍万叁仟叁佰捌拾柒元壹角				（小写）￥53 387.10		
销售方	名　　称：北京锅炉配件厂 纳税人识别号：0564123457890410 地 址 、电 话：010-82815956 开户行及账号：建设银行（0102-8269756）				备注		

第一联：发票联　购买方记账凭证

收款人：（略）　　复核：　　开票人：　　销售方：（章）

自制凭证：转账支票存根 2 张、领料单 1 张

---

46. 12 月 15 日，公司外购一项与生产相关的专利权，市场价值 26 800.00 元。

付 款 凭 证

贷方科目：银行存款　　201×年 12 月 15 日　　银付　字第 25 号

摘　要	借方科目		记账	金额								
	总账科目	明细科目		百	十	万	千	百	十	元	角	分
购买专利权	无形资产	专利权	√			2	6	8	0	0	0	0
合计金额					￥	2	6	8	0	0	0	0

附单据 2 张

财会主管：　　记账：　　出纳：　　复核：　　制单：×××

46-1

北京市事业单位收据

交款单位或个人：大华钢铁公司　　201×年12月15日　　№ 010022

京财字[2002]---00028

项目	单位	数量	标准	金额								说明
				十	万	千	百	十	元	角	分	说明：①本收据限用于事业单位经营性收据，其他无效 ②本收据需加盖收款单位或收款人印章。
专利权				¥	2	6	8	0	0	0	0	
合计人民币	（大写）贰万陆仟捌佰元整							（小写）¥26 800.00				

第二联　收据

北京科技研究所　财务专用章

收款单位：北京科技研究所　　　　收款人：张强

自制凭证：转账支票存根

---

47. 12月15日，生产领用材料。

转账凭证

201×年12月15日　　　　转　字第31号

摘要	总账科目	明细科目	记账	借方金额 百	十	万	千	百	十	元	角	分	贷方金额 百	十	万	千	百	十	元	角	分
生产领用材料	生产成本	炼铁车间	√	3	1	1	1	0	0	0	0	0									
		炼钢车间	√		3	1	2	0	0	0	0	0									
		轧钢车间	√		9	6	0	0	0	0	0	0									
	原材料												4	3	8	3	0	0	0	0	0
合计金额				4	3	8	3	0	0	0	0	0	4	3	8	3	0	0	0	0	0

附单据8张

财会主管：　　记账：　　复核：　　制单：×××

47-1

领料记录

201×年12月15日　　　　金额单位：元

部门	材料名称、规格	数量（吨）	计划单价	金额
一车间（炼铁）	铁矿石 石灰石 焦炭	2 000 2 000 500	800.00 125.00 2 522.00	1 600 000.00 250 000.00 1 261 000.00
二车间（炼钢）	锰铁 硅铁	20 30	6 600.00 6 000.00	132 000.00 180 000.00
三车间（轧钢）	煤 重油	1 500 300	350.00 1 450.00	525 000.00 435 000.00
合　计				4 383 000.00

自制凭证：领料单7张

---

48. 12月20日，以现金支付上月职工李明未领工资1 350.00元。

付 款 凭 证

贷方科目：库存现金　　　　201×年 12 月 20 日　　　　现付 字第 2 号

摘要	借方科目		记账	金额								
	总账科目	明细科目		百	十	万	千	百	十	元	角	分
支付未领工资	其他应付款	未领工资	√				1	3	5	0	0	0
合计金额						¥	1	3	5	0	0	0

附单据 1 张

财会主管：　　记账：　　出纳：　　复核：　　制单：×××

48-1

现金支出凭单

201×年 12 月 20 日

用款单位或个人	营销部 李明
款项用途	未领工资
金额	人民币（大写）壹仟叁佰伍拾元整　　¥1 350.00
审批：蒋平	备注：

会计：张宏　　出纳：林立

49. 12 月 20 日，第二车间自制半成品 95#钢坯入库 200 吨。（自制半成品入库单，只作实物记录）

自制凭证：入库单

50. 12 月 20 日，根据销售折扣的规定，华钢工贸股份有限公司在 20 天内支付 12 月 8 日的货款，享受 1% 的现金折扣。（按应收账款的金额计算折扣）

收 款 凭 证

借方科目：银行存款　　　　201×年 12 月 20 日　　　　银收 字第 10 号

摘要	贷方科目		记账	金额								
	总账科目	明细科目		百	十	万	千	百	十	元	角	分
收到销售货款	应收账款	华钢工贸股份有限公司	√		8	3	3	9	7	6	0	0
合计金额				¥	8	3	3	9	7	6	0	0

附单据 1 张

财会主管：　　记账：　　出纳：　　复核：　　制单：×××

转 账 凭 证

201×年 12 月 20 日　　　　转 字第 32 号

摘要	会计科目		记账	借方金额									贷方金额								
	总账科目	明细科目		百	十	万	千	百	十	元	角	分	百	十	万	千	百	十	元	角	分
销售折扣	财务费用		√				8	4	2	4	0	0									
销售折扣	应收账款	华钢工贸股份有限公司	√													8	4	2	4	0	0
合计金额						¥	8	4	2	4	0	0			¥	8	4	2	4	0	0

附单据 1 张

财会主管：　　记账：　　复核：　　制单：×××

50-1　　中国工商银行**进账单**（收账通知）3

201×年 12 月 20 日　　　　第 3400 号

收款人	全称	大华钢铁公司	付款人	全称	华钢工贸股份有限公司
	账号	0001-84497877		账号	0001-6668888
	开户银行	工商银行		开户银行	工商银行

人民币（大写）	捌拾叁万叁仟玖佰柒拾陆元整	千	百	十	万	千	百	十	元	角	分
			¥	8	3	3	9	7	6	0	0

出票人名称或账号	种类	票据号码	百	十	万	千	百	十	元	角	分

单位主管　　会计　　复核　　记账

中国工商银行深湖支行 201×.12.20 业务公章 (1)

收款人开户行盖章

此联是收款人开户银行交给收款人的收账通知

51. 资料：12 月 20 日，12 月 9 日委托加工材料（花纹板）全部完工，已验收入库。

转 账 凭 证

201×年 12 月 20 日　　　　转 字第 33 号

摘要	会计科目		记账	借方金额									贷方金额								
	总账科目	明细科目		百	十	万	千	百	十	元	角	分	百	十	万	千	百	十	元	角	分
收到委托加工材料	库存商品	花纹板	√			6	9	4	0	0	0	0									
收到委托加工材料	委托加工物资		√												6	9	4	0	0	0	0
合计金额					¥	6	9	4	0	0	0	0		¥	6	9	4	0	0	0	0

附单据 1 张

财会主管：　　记账：　　复核：　　制单：×××

自制凭证：入库单

52. 12 月 21 日，企业一笔 2 年前应付长江公司账款 34 500. 00 元，由于纠纷决定进行债务重组。对方同意以让步 30% 的条件，要求立即付款，本企业接受此条件。

付 款 凭 证

贷方科目：银行存款　　　　201×年 12 月 21 日　　　　银付　字第 26 号

摘要	借方科目		记账	金额								
	总账科目	明细科目		百	十	万	千	百	十	元	角	分
债务重组	应付账款	长江公司	√			2	4	1	5	0	0	0
合计金额					¥	2	4	1	5	0	0	0

附单据 1 张

财会主管：　　记账：　　出纳：　　复核：　　制单：×××

转 账 凭 证

201×年 12 月 21 日　　　　转　字第 34 号

摘要	会计科目		记账	借方金额									贷方金额								
	总账科目	明细科目		百	十	万	千	百	十	元	角	分	百	十	万	千	百	十	元	角	分
债务重组	应付账款	长江公司	√			1	0	3	5	0	0	0									
债务重组	营业外收入	债务重组利得	√												1	0	3	5	0	0	0
合计金额					¥	1	0	3	5	0	0	0		¥	1	0	3	5	0	0	0

附单据 1 张

财会主管：　　记账：　　复核：　　制单：×××

52-1

债务重组协议

甲方：大华钢铁公司

乙方：长江公司

甲方 2001 年因向乙方采购形成 34 500. 00 元的应付账款一直没能偿还，直至今日。因双方发生纠纷，甲方向乙方申请进行债务重组，为了保障债权人（乙方）最大限度地收回债权，同时也为了缓解债务人（甲方）的资金困难，经协商，双方达成如下协议：

（1）乙方免除甲方 30% 的债务；

（2）乙方同意甲方以现金偿付债务的 70% 后，余款不再偿还；

（3）甲方在该协议签订后立即付款。

甲方：大华钢铁公司
法定代表人签字：蒋平
201×年12月21日
（印章：大华钢铁公司 合同专用章）

乙方：长江公司
法定代表人签字：王方
201×年12月21日
（印章：长江公司 合同专用章）

---

53. 12月22日，委托华钢工贸股份有限公司代销的商品¢6.5mm高速线材300吨，单价3 970.00元，现已收到销货清单，并按货款的5%支付手续费。

转 账 凭 证

201×年12月22日　　　　转字　第35-1/2号

摘要	会计科目		记账	借方金额									贷方金额								
	总账科目	明细科目		百	十	万	千	百	十	元	角	分	百	十	万	千	百	十	元	角	分
委托华钢代销¢6.5mm高速线材	应收账款	华钢工贸股份有限公司	√	1	3	9	3	4	7	0	0	0									
委托华钢代销¢6.5mm高速线材	应交税费	应交增值税（销项税额）	√											2	0	2	4	7	0	0	0
	主营业务收入												1	1	9	1	0	0	0	0	0
合计金额				1	3	9	3	4	7	0	0	0	1	3	9	3	4	7	0	0	0

附单据1张

财会主管：　　记账：　　复核：　　制单：×××

转 账 凭 证

201×年12月22日　　　　转　字第35-2/2号

摘要	会计科目		记账	借方金额									贷方金额								
	总账科目	明细科目		百	十	万	千	百	十	元	角	分	百	十	万	千	百	十	元	角	分
委托华钢代销¢6.5mm高速线材	销售费用		√			5	9	5	5	0	0	0									
委托华钢代销¢6.5mm高速线材	应收账款	华钢工贸股份有限公司	√												5	9	5	5	0	0	0
合计金额					¥	5	9	5	5	0	0	0		¥	5	9	5	5	0	0	0

附单据1张

财会主管：　　记账：　　复核：　　制单：×××

53-1

商品代销清单

制单日期：201×年 12 月 22 日 NO：5839

委托单位：大华钢铁公司 增值税专用发票号码：

序号	产品名称	规格型号	计量单位	数量	单价	金额（不含税）
	线材	¢6.5mm	吨	300	3 970.00	1 191 000.00
合 计						1 191 000.00

制单：张力 会计：林静

53-2

北京增值税专用发票

记账联

0100086574 № 03891395

开票日期：201×年 12 月 22 日

购买方	名 称：华钢工贸股份有限公司 纳税人识别号：132860789567980 地 址 、电 话：010-28976459 开户行及账号：工商银行（001-6668888）	密码区	（略）

货物或应税劳务、服务名称	规格型号	单位	数量	单价	金额	税率	税额
高速线材	¢6.5mm	吨	300	3 970.00	1 191 000.00	17%	202 470.00
合 计					1 191 000.00		202 470.00
价税合计（大写）	壹佰叁拾玖万叁仟肆佰柒拾元整			（小写）￥1 393 470.00			

销售方	名 称：大华钢铁公司 纳税人识别号：100345678911288 地 址 、电 话：010-55681153 开户行及账号：工商银行（0001-84497877）	备注	主管税务机关及代码：221056

第三联：记账联 销售方的记账凭证

收款人：（略） 复核： 开票人： 销货方：（章）

54. 12 月 24 日，向庆阳五金建材公司销售普通线材 400 吨，价格 4 510.00 元/吨，收到一张银行承兑汇票（含运费 50 000.00 元）。

付款凭证

贷方科目：银行存款　　201×年 12 月 24 日　　银付　字第 27 号

摘要	借方科目		记账	金额								
	总账科目	明细科目		百	十	万	千	百	十	元	角	分
整支运费	应收票据		√			5	0	0	0	0	0	0
合计金额					¥	5	0	0	0	0	0	0

附单据 1 张

财会主管：　记账：　出纳：　复核：　制单：×××

转账凭证

201×年 12 月 24 日　　转　字第 36 号

摘要	总账科目	明细科目	记账	借方金额									贷方金额								
				百	十	万	千	百	十	元	角	分	百	十	万	千	百	十	元	角	分
销售普通线材	应收票据	庆阳五金建材公司	√	2	1	1	0	6	8	0	0	0									
销售普通线材	主营业务收入		√										1	8	0	4	0	0	0	0	0
	应交税费	应交增值税（销项税额）	√											3	0	6	6	8	0	0	0
合计金额				2	1	1	0	6	8	0	0	0	2	1	1	0	6	8	0	0	0

附单据 4 张

财会主管：　记账：　复核：　制单：×××

54-1

银行承兑汇票（卡片）2

Ⅵ　X 0040301

签发日期（大写）贰零壹某年壹拾贰月贰拾肆日　　第　号

付款人		收款人	
全称	庆阳五金建材公司	全称	大华钢铁公司
账号	0011-54748399	账号	0001-84497877
开户银行	工商银行　行号	开户银行	工商银行　行号

汇票金额	人民币（大写）贰佰壹拾陆万零陆佰捌拾元整	千	百	十	万	千	百	十	元	角	分
		¥	2	1	6	0	6	8	0	0	0

汇票到期日	201×+1 年 4 月 24 日	交易合同号	
本汇票已经本行承兑，到期日无条件支付票款。 此致 付款人 付款人盖章 负责　经办　201×年 12 月 24 日		汇票签发人盖章 负责　经办	

（印章：庆阳五金建材公司）

（印章：中国工商银行滨湖支行 201×.12.24 业务公章 (1)）

此联收款人开户行随结算凭证寄收款人

54-2

北京增值税专用发票

记账联

0100086574　　　　№ 03891396

开票日期：201×年 12 月 24 日

购买方	名　　称：庆阳五金建材公司 纳税人识别号：237890777888552 地址、电话：0934-22223765 开户行及账号：工商银行（0011-54748399）	密码区	略

货物或应税劳务、服务名称	规格型号	单位	数量	单价	金额	税率	税额
普通线材	¢8mm	吨	400	4 510.00	1 804 000.00	17%	306 680.00
合　计					1 804 000.00		306 680.00
价税合计（大写）	贰佰壹拾壹万零陆佰捌拾元整				（小写）￥2 110 680.00		

销售方	名　　称：大华钢铁公司 纳税人识别号：100345678911288 地址、电话：010-55681153 开户行及账号：工商银行（0001-84497877）	备注	主管税务机关及代码：221056

收款人：（略）　　复核：　　开票人：　　销货方：（章）

第三联：记账联　销售方的记账凭证

54-3

出库单

收货单位：庆阳五金建材公司　　201×年 12 月 24 日

编号	产品名称	规格	出库数量	单位	单价	成本总额
0002	普通线材	8mm	400	吨	3 800.00	1 520 000.00
备注				合计		1 520 000.00

收款人：（略）　　记账：　　收货人：　　填单：

54-4

中国工商银行　转账支票存根

支票号码　4383

附加信息

科目：应收票据

对方科目：银行存款

出票日期：201×年 12 月 24 日

收款人：北京大发起重机公司	
金　额：50 000.00	
用　途：代垫运费	

单位主管：石骏　　会计：林立

54-5

北京市货物运输发票

发票联

京地 (203114) 字

№ 0226698

发票代码：

开票日期：201×年 12 月 24 日　　　　发票号码（机打号）：003398

收货人 纳税人识别号	庆阳五金建材公司 237890777888552	承运人 纳税人识别号	北京大发起重机公司 022812345678567
起运地 到达地 车号（船号）	北京 庆阳	发货人 纳税人识别号	大华钢铁公司 100345678911288
运输项目及金额	普通线材 400 吨 单价：4 510.00 元/吨	取得运输发票单位 纳税人识别号	
		其他项目及金额	保险费： 仓储费： 吊车费： 票签费： 提送货费：
运费小计	¥50 000.00	其他费用小计	
运杂费合计（大写）	伍万元整		（小写）¥50 000.00
代开单位名称及代码		扣缴税款完税凭证号码	

代开单位盖章：　　　　开票人：　　　　税控码：

---

55. 12 月 25 日，本公司为下属独立核算的长海建筑设备公司提供贷款担保，担保金额为 200 万元，期限一年，年利率 5%，根据合同规定长海建筑设备公司到期无法偿付该笔贷款时，本公司对该笔贷款本金及利息承担还款责任。（担保协议未在会计报表中披露）

55-1

担保协议

本公司下属独立核算的长海建筑设备公司向中国建设银行贷款 200 万元，期限一年，年利率 5%，由本公司给予担保。根据银行规定，如果借款单位到期无法偿付该笔贷款，本公司将对该笔贷款本金及利息承担还款责任。

担保人代表：蒋平　　　　201×年 12 月 25 日（公司盖章）

---

56. 12 月 25 日，本公司与大众安装公司签订安装 C 设备一台的合同，由工程队承担。

合同总造价为 200 万元，预计安装期为 3 个月，当日预收款 120 万元，其余款项在交付使用时一次付清。该设备的成本 150 万元。每月按工程进度（完工百分比）确认收入，本月实际成本为 50 万元，现已完工并交付使用。

本月合同完工进度＝50÷150×100%＝33%

本月确认合同收入＝200×33%＝66（万元）

本月确认合同毛利＝（200－150）×33%＝16.50（万元）

本月确认合同费用＝66－16.5＝49.50（万元）

转 账 凭 证

201×年 12 月 25 日　　　　转　字第 37 号

摘要	会计科目		记账	借方金额									贷方金额								
	总账科目	明细科目		百	十	万	千	百	十	元	角	分	百	十	万	千	百	十	元	角	分
销售安装 C 设备	其他业务成本		√		4	9	5	0	0	0	0	0									
	在建工程	毛利	√		1	6	5	0	0	0	0	0									
销售安装 C 设备	其他业务收入													6	6	0	0	0	0	0	0
合计金额				¥	6	6	0	0	0	0	0	0	¥	6	6	0	0	0	0	0	0

附单据 2 张

财会主管：　　记账：　　复核：　　制单：×××

56-1

销售安装合同

本公司向大众安装公司销售 C 设备一台并负责安装工程，由工程队承担。合同总造价为 200 万元，预计安装期为 3 个月，当日预收款 120 万元，其余款项在交付使用时一次付清。该设备的成本 150 万元。每月按工程进度（完工百分比）确认收入。

甲方：大众安装公司　　　　乙方：大华钢铁公司

201×年 9 月 25 日　　　　201×年 9 月 25 日

---

57. 12 月 26 日，收到银行支付银行借款利息的通知，本季度的利息 46 800.00 元，已预提 31 200.00 元。（银行利息支付通知单，与期初余额相关）

付 款 凭 证

贷方科目：银行存款　　201×年 12 月 26 日　　银付　字第 28 号

摘要	借方科目		记账	金额								
	总账科目	明细科目		百	十	万	千	百	十	元	角	分
支付银行借款利息	应付利息	利息费用	√			3	1	2	0	0	0	0
	财务费用		√			1	5	6	0	0	0	0
合计金额					¥	4	6	8	0	0	0	0

附单据 1 张

财会主管：　　记账：　　出纳：　　复核：　　制单：×××

57-1

中国工商银行贷款利息回单

201×年 12 月 26 日

单位名称	大华钢铁公司	贷款账号：247-06		结算户账号：0001-84497877
贷款种类	摘要	积数	利率	利息
流动资金贷款	四季度利息	1 170 000.00	4%	46 800.00
利息金额（大写）肆万陆仟捌佰元整				
你单位应付的贷款利息已经从你单位结算户中支付，请予核对。				银行盖章

中国工商银行 湖支行 201×.12.26 业务公章 （1）

---

58. 12 月 27 日，接到供电局电费通知单，本月共用电 185 600 度，单价 0.70 元，共计 129 920.00 元。

付款凭证

贷方科目：银行存款　　201×年 12 月 27 日　　银付　字第 29 号

摘要	借方科目 总账科目	借方科目 明细科目	记账	百	十	万	千	百	十	元	角	分
支付电费	生产成本	供电车间	√		1	2	9	9	2	0	0	0
	应交税费	应交增值税（进项税额）	√			2	2	0	8	6	4	0
合计金额				¥	1	5	2	0	0	6	4	0

附单据 2 张

财会主管：　　记账：　　出纳：　　复核：　　制单：×××

58-1

北京增值税专用发票

全国统一发票监制章 北京 国家税务总局监制

发票联

010031172　　№ 0081988

开票日期：201×年 12 月 27 日

购买方	名称：大华钢铁公司 纳税人识别号：100345678911288 地址、电话：010-85681153 开户行及账号：工商银行（0001-84497877）					密码区	（略）	
货物或应税劳务、服务名称	规格型号	单位	数量	单价	金额		税率	税额
电费		度	185 600	0.70	129 920.00		17%	22 086.40
合计					129 920.00			22 086.40
价税合计（大写）	壹拾伍万贰仟零陆元肆角整						（小写）¥152 006.40	
销售方	名称：北京市供电局 纳税人识别号：110960094567980 地址、电话：010-49421657 开户行及账号：工商银行（0001-05274316）					备注	北京市供电局 110960094567980 发票专用章	

第一联：发票联　购买方记账凭证

收款人：（略）　　复核：　　开票人：　　销售方：（章）

58-2 中国工商银行**委托凭证**（付款通知）**5** 委托号码

委托日期 201×年 12 月 27 日 付款期限： 月 日

收款人	全称	北京市供电局	付款人	全称	大华钢铁公司
	账号	0001-05274316		账号	0001-84497877
	开户银行	工商银行		开户银行	工商银行

托收金额	人民币（大写）	壹拾伍万贰仟零陆元肆角	千	百	十	万	千	百	十	元	角	分
				¥	1	5	2	0	0	6	4	0

款项内容	电费	委托收款凭据名称	发票	附寄单据张数	壹张

备注：	付款单位注意： 1. 根据结算办法，上列委托收款，如在付款期限内未拒付时，即视同全部同意付款，以此联代付款通知 2. 如需提前付款或多付款时，应另写书面通知送银行办理 3. 如系全部或部分拒付，应在付款期限内另填拒付理由书送银行办理

此联付款人开户行给付款人按期付款的通知

中国工商银行滨湖支行 业务公章 (1)

单位主管： 会计： 复核： 记账： 付款人开户行盖章：

59. 12 月 27 日，公司采购员王佳出差预借差旅费 5 000.00 元。

付款凭证

贷方科目：库存现金 201×年 12 月 27 日 现付 字第 3 号

摘要	借方科目		记账	金额								
	总账科目	明细科目		百	十	万	千	百	十	元	角	分
预借差旅费	其他应收款	备用金（王佳）	√				5	0	0	0	0	0
合计金额						¥	5	0	0	0	0	0

附单据 2 张

财会主管： 记账： 出纳： 复核： 制单：×××

59-1 **现金支出凭单**

201×年 12 月 20 日

用款单位或个人	营销处 王佳
款项用途	预借差旅费
金额	人民币（大写）伍仟元整 ¥5 000.00
审批：蒋平	备注：

制单：张宏 出纳：林立

59-2

借 据

201×年 12 月 27 日

借款单位	采购科	借款人	王佳	限定还款时间	201×年 12 月 31 日
用　　途	预借差旅费			收款单位	
付款方式	现付			开户银行	
金额 小写	（¥）5 000.00			账　　号	
金额 大写	伍仟元整				
单位主管领导意见：同意		单位分管领导意见：同意		单位部门审核人意见：同意	

---

60. 12 月 28 日，收到自来水公司的水费通知，本月共用水 105 000 吨，单价 4.00 元，共计 420 000.00 元。

付 款 凭 证

贷方科目：银行存款　　　　201×年 12 月 28 日　　　　银付　字第 30-1/2 号

摘　要	借方科目 总账科目	借方科目 明细科目	记账	百	十	万	千	百	十	元	角	分
支付本月水费	制造费用	炼铁车间	√			9	6	0	0	0	0	0
		炼钢车间	√		1	4	8	0	0	0	0	0
		轧钢车间	√		1	4	0	0	0	0	0	0
	生产成本	机修车间	√				8	5	6	0	0	0
		供电车间	√				5	2	0	0	0	0
合计金额												

附单据 2 张

财会主管：　　记账：　　出纳：　　复核：　　制单：×××

付 款 凭 证

贷方科目：银行存款　　　　201×年 12 月 28 日　　　　银付　字第 30-2/2 号

摘　要	借方科目 总账科目	借方科目 明细科目	记账	百	十	万	千	百	十	元	角	分
支付本月水费	管理费用		√			1	0	4	0	0	0	0
	应付职工薪酬		√				7	8	4	0	0	0
	在建工程		√				4	0	0	0	0	0
	应交税费	应交增值税（进项税额）	√			2	5	2	0	0	0	0
合计金额				¥	4	4	5	2	0	0	0	0

附单据 2 张

财会主管：　　记账：　　出纳：　　复核：　　制单：×××

60-1

耗水费用分配表

201×年 12 月 28 日

部门	耗水量（吨）	单价（元/吨）	金额（元）	备注
炼铁车间	24 000	4.00	96 000.00	
炼钢车间	37 000	4.00	148 000.00	
轧钢车间	35 000	4.00	140 000.00	
机修车间	2 140	4.00	8 560.00	
供电车间	1 300	4.00	5 200.00	
公司管理部门	2 600	4.00	10 400.00	
福利部门	1 960	4.00	7 840.00	
在建工程	1 000	4.00	4 000.00	
合计	105 000		420 000.00	

60-2

北京增值税专用发票

全国统一发票监制章 国家税务总局监制

发票联

0100031172　　　　№ 00501830

开票日期：201×年 12 月 28 日

购买方	名称：大华钢铁公司 纳税人识别号：100345678911288 地址、电话：010-85681153 开户行及账号：工商银行（0001-84497877）			密码区	（略）		
货物或应税劳务、服务名称	规格型号	单位	数量	单价	金额	税率	税额
水费		吨	105 000	4.00	420 000.00	6%	25 200.00
合计					420 000.00		25 200.00
价税合计（大写）	肆拾肆万伍仟贰佰元整				（小写）¥ 445 200.00		
销售方	名称：北京市自来水公司 纳税人识别号：110960094567601 地址、电话：010-77422866 开户行及账号：工商银行（0001-2828281）			备注			

第一联：发票联　购买方记账凭证

收款人：（略）　　复核：　　开票人：　　销售方：（章）

北京市自来水公司 110960094567601 发票专用章

60-3　　中国工商银行**委托凭证**（付款通知）**5**　　委托号码

委托日期 201×年 12 月 28 日　　付款期限：　月　日

收款人	全称	北京市自来水公司	付款人 全称	大华钢铁公司
	账号	0001-2828281	账号	0001-84497877
	开户银行	工商银行	开户银行	工商银行

托收金额	人民币（大写）	肆拾肆万伍仟贰佰元整	千	百	十	万	千	百	十	元	角	分
				¥	4	4	5	2	0	0	0	0

款项内容	水费	委托收款凭据名称	发票	附寄单据张数	壹张

备注：

付款单位注意：
1. 根据结算办法，上列委托收款，如在付款期限内未拒付时，即视同全部同意付款，以此联代付款通知
2. 如需提前付款或多付款时，应另写书面通知送银行办理
3. 如系全部或部分拒付，应在付款期限内另填拒付理由书送银行办理

201×.12.28
业务公章
(1)

单位主管：　会计：　复核：　记账：　付款人开户行盖章：

此联付款人开户行给付款人按期付款的通知

61. 12 月 28 日，收到出租房屋的租金收入 12 800.00 元。

转 账 凭 证

201×年 12 月 28 日　　转　字第 38 号

摘要	会计科目		记账	借方金额									贷方金额								
	总账科目	明细科目		百	十	万	千	百	十	元	角	分	百	十	万	千	百	十	元	角	分
收到房租收入	其他业务成本	营业税	√					6	4	0	0	0									
收到房租收入	应交税费	应交营业税	√														6	4	0	0	0
合计金额							¥	6	4	0	0	0				¥	6	4	0	0	0

附单据 1 张

财会主管：　记账：　复核：　制单：×××

收 款 凭 证

借方科目：银行存款　　201×年 12 月 28 日　　银收　字第 11 号

摘要	贷方科目		记账	金额								
	总账科目	明细科目		百	十	万	千	百	十	元	角	分
收到房租收入	其他业务收入	租金收入	√			1	2	8	0	0	0	0
合计金额					¥	1	2	8	0	0	0	0

附单据 2 张

财会主管：　记账：　出纳：　复核：　制单：×××

61-1

中国工商银行**进账单**（收账通知）3

201×年 12 月 28 日　　　　第 660 号

收款人	全　称	大华钢铁公司	付款人	全　称	华成贸易公司
	账　号	0001-84497877		账　号	0001-6648738
	开户银行	工商银行		开户银行	工商银行

人民币（大写）	千	百	十	万	千	百	十	元	角	分
壹万贰仟捌佰元整			¥	1	2	8	0	0	0	0

出票人名称或账号	种类	票据号码	百	十	万	千	百	十	元	角	分

单位主管　　会计　　复核　　记账

中国工商银行海湖支行　201×.12.28　业务公章

收款人开户行盖章

此联是收款人开户银行交给收款人的收账通条

61-2

固定资产租赁合同

201×年 12 月 28 日

出租单位名称	大华钢铁公司	租入单位名称	华成贸易公司
固定资产名称	经营用房	原始价值	590 000.00
租金	每月 12 800.00 元	租赁期限	两年

资产部：王宽　　财务部：石骏　　经办：宋宁宁

61-3

房屋租金收款收据

今收到华成贸易公司支付的地址为北京市朝阳区海淀路 2-3 号房屋租金总计 12 800 元（人民币大写：壹万贰仟捌佰元整），租期 2 年，从 201×+1 年 1 月 1 日至 201×+2 年 12 月 31 日。

收款人：大华钢铁公司

201×年 12 月 28 日

大华钢铁公司　100345678911288　财务专用章

---

62. 12 月 30 日，公司于 201×-1 年 10 月与供应商太河公司就一笔应付货款发生纠纷，此案正在诉讼中，预计可能赔偿 260 000.00 元。（预计负债计算）

转　账　凭　证

*201×*年 *12* 月 *30* 日　　　　转　字第 *39* 号

摘　要	会计科目		记账	借方金额									贷方金额								
	总账科目	明细科目		百	十	万	千	百	十	元	角	分	百	十	万	千	百	十	元	角	分
预计赔款损失	营业外支出	赔偿损失	√		2	6	0	0	0	0	0	0									
预计赔款损失	预计负债	赔偿损失	√											2	6	0	0	0	0	0	0
合计金额				¥	2	6	0	0	0	0	0	0	¥	2	6	0	0	0	0	0	0

附单据 *1* 张

财会主管：　　　　记账：　　　　复核：　　　　制单：×××

62-1　　　　财务部说明

公司于上年 10 月与供应商太河公司就一笔应收货款发生纠纷，此案正在诉讼中，预计可能赔偿损失 260 000.00 元。

财务负责人签章：

63. 12 月 31 日，税务机关审查上年度账面记录发现：公司管理部门人员薪酬中计提的职工福利费 316 200.00 元误记为 361 200.00 元；公司管理部门用固定资产少提折旧 25 123.40元；将非公益性捐赠支出 520 000.00 元误记为公益性捐赠支出并已在税前扣除，现予以调整。

转　账　凭　证

*201×*年 *12* 月 *31* 日　　　　转　字第 *40-1/4* 号

摘　要	总账科目	明细科目	记账	借方金额									贷方金额								
				百	十	万	千	百	十	元	角	分	百	十	万	千	百	十	元	角	分
多记职工福利费	应付职工薪酬		√			4	5	0	0	0	0	0									
多记职工福利费	以前年度损益调整	应付职工薪酬	√												4	5	0	0	0	0	0
合计金额					¥	4	5	0	0	0	0	0		¥	4	5	0	0	0	0	0

附单据 *1* 张

财会主管：　　　　记账：　　　　复核：　　　　制单：×××

转 账 凭 证

*201×*年 *12* 月 *31* 日　　　　转 字第 *40-2/4* 号

摘 要	会计科目		记账	借方金额									贷方金额								
	总账科目	明细科目		百	十	万	千	百	十	元	角	分	百	十	万	千	百	十	元	角	分
管理用固定资产少提折旧	以前年度损益调整	折旧	√			2	5	1	2	3	4	0									
管理用固定资产少提折旧	累计折旧		√												2	5	1	2	3	4	0
合计金额					¥	2	5	1	2	3	4	0		¥	2	5	1	2	3	4	0

附单据 *1* 张

财会主管：　　记账：　　复核：　　制单：×××

转 账 凭 证

*201×*年 *12* 月 *31* 日　　　　转 字第 *40-3/4* 号

摘 要	会计科目		记账	借方金额									贷方金额								
	总账科目	明细科目		百	十	万	千	百	十	元	角	分	百	十	万	千	百	十	元	角	分
误记非公益性捐赠支出	以前年度损益调整	应交所得税	√		1	7	8	1	5	9	2	8									
误记非公益性捐赠支出	应交税费	应交所得税	√											1	7	8	1	5	9	2	8
合计金额				¥	1	7	8	1	5	9	2	8	¥	1	7	8	1	5	9	2	8

附单据 *1* 张

财会主管：　　记账：　　复核：　　制单：×××

转 账 凭 证

*201×*年 *12* 月 *31* 日　　　　转 字第 *40-4/4* 号

摘 要	会计科目		记账	借方金额									贷方金额								
	总账科目	明细科目		百	十	万	千	百	十	元	角	分	百	十	万	千	百	十	元	角	分
账面误记调整	利润分配		√		1	5	8	2	8	2	6	8									
账面误记调整	以前年度损益调整		√											1	5	8	2	8	2	6	8
合计金额				¥	1	5	8	2	8	2	6	8	¥	1	5	8	2	8	2	6	8

附单据 *1* 张

财会主管：　　记账：　　复核：　　制单：×××

63-1

税务稽查报告

经税务机关审查上年度账面记录发现：公司管理部门人员薪酬中计提的职工福利费316 200.00元误记为361 200.00元；公司管理部门用固定资产少提折旧25 123.40元；将非公益性捐赠支出520 000.00元，误记为公益性捐赠支出并已在税前扣除，应在年末前予以调整。

滨湖区税务稽查分局（章）

201×年12月31日

---

64. 12月31日，计算持有至到期投资利息及摊销折价额。（摊销计算表，与期初余额相关）

转 账 凭 证

201×年12月31日　　　转　字第41号

摘要	总账科目	明细科目	记账	借方金额	贷方金额
持有至到期投资利息及摊销折价额	应收利息		√	5000000	
持有至到期投资利息及摊销折价额	持有至到期投资	利息调整	√		1000000
	投资收益		√		4000000
合计金额				¥5000000	¥5000000

附单据1张

财会主管：　记账：　复核：　制单：×××

64-1

长期债券投资利息及摊销折价额

201×年12月31日

购买日期	账面金额	未摊销溢价额	应收利息	摊销额
201×年1月1日购入五年期长期债券（每年年末支付利息）	5 590 000.00	30 000.00	50 000.00	10 000.00

会计：刘洋　　财务负责：石骏

---

65. 12月31日，结转材料成本差异。

转　账　凭　证

201×年 12 月 31 日　　　　转　字第 42-1/3 号

摘　要	会计科目		记账	借方金额									贷方金额								
	总账科目	明细科目		百	十	万	千	百	十	元	角	分	百	十	万	千	百	十	元	角	分
结转材料成本差异	生产成本	炼铁车间	√		2	0	0	8	3	0	7	0									
		炼钢车间	√			4	7	5	4	5	2	0									
		轧钢车间	√			8	1	7	7	1	0	0									
	生产成本	辅助生产成本——机修	√				1	0	3	0	0	0									
		辅助生产成本——配电	√					3	1	0	0	0									
合计金额																					

附单据 1 张

财会主管：　　记账：　　复核：　　制单：×××

转　账　凭　证

201×年 12 月 31 日　　　　转　字第 42-2/3 号

摘　要	会计科目		记账	借方金额									贷方金额								
	总账科目	明细科目		百	十	万	千	百	十	元	角	分	百	十	万	千	百	十	元	角	分
结转材料成本差异	制造费用	炼铁车间	√					2	9	8	0	0									
		炼钢车间	√					3	4	0	8	0									
		轧钢车间	√					6	3	9	6	4									
	其他业务成本	销售废钢	√			2	6	6	9	5	0	0									
结转材料成本差异	材料成本差异	原材料	√											3	5	6	8	4	1	9	0
合计金额																					

附单据 1 张

财会主管：　　记账：　　复核：　　制单：×××

转　账　凭　证

201×年 12 月 31 日　　　　转　字第 42-3/3 号

摘　要	会计科目		记账	借方金额									贷方金额								
	总账科目	明细科目		百	十	万	千	百	十	元	角	分	百	十	万	千	百	十	元	角	分
结转材料成本差异	材料成本差异	辅助材料	√													2	5	9	8	0	0
		周转材料	√													1	2	5	7	1	6
合计金额				¥	3	5	5	5	0	1	0	6	¥	3	5	5	5	0	1	0	6

附单据 1 张

财会主管：　　记账：　　复核：　　制单：×××

65-1

材料成本差异计算表

201×年 12 月 31 日

金额单位：元

材料类别	期初余额	本期购入	本期耗用	差异率	期初差异额	本期差异额	调整差异额
原材料	13 777 600.00	4 361 539.00	12 699 000.00	2.81%	485 970.00	23 705.05	356 841.90
辅助材料	820 550.00	143 800.00	259 800.00	-1%	-18 050.00	8 370.00	-2 598.00
周转材料	87 500.00		62 858.00	2%	1 750.00		1 257.16
合计	14 685 650.00	4 505 339.00	13 021 658.00		469 670.00	32 075.05	355 501.06

会计：刘洋　　　　财务负责：石骏

66. 12 月 31 日，分配工资。

转账凭证

201×年 12 月 31 日　　　　转　字第 43-1/7 号

摘要	会计科目		记账	借方金额									贷方金额								
	总账科目	明细科目		百	十	万	千	百	十	元	角	分	百	十	万	千	百	十	元	角	分
分配职工薪酬	生产成本	炼铁车间	√		1	3	5	9	0	0	0	0									
		炼钢车间	√		1	1	9	0	0	0	0	0									
		轧钢车间	√		2	0	2	0	0	0	0	0									
	制造费用	炼铁车间	√			2	0	7	8	0	0	0									
		炼钢车间	√			3	4	6	0	9	0	0									
合计金额																					

附单据 1 张

财会主管：　　记账：　　复核：　　制单：×××

转账凭证

201×年 12 月 31 日　　　　转　字第 43-2/7 号

摘要	会计科目		记账	借方金额									贷方金额								
	总账科目	明细科目		百	十	万	千	百	十	元	角	分	百	十	万	千	百	十	元	角	分
分配职工薪酬	制造费用	轧钢车间	√			5	1	9	0	0	0	0									
	生产成本	机修车间	√			5	8	0	0	0	0	0									
		供电车间	√			2	4	6	0	0	0	0									
	管理费用		√		1	2	8	5	0	0	0	0									
	应付职工薪酬	福利部门	√			2	8	9	0	0	0	0									
合计金额																					

附单据 1 张

财会主管：　　记账：　　复核：　　制单：×××

转　账　凭　证

201×年 12 月 31 日　　　　转　字第 43-3/7 号

摘　要	会计科目		记账	借方金额									贷方金额								
	总账科目	明细科目		百	十	万	千	百	十	元	角	分	百	十	万	千	百	十	元	角	分
分配职工薪酬	在建工程		√			3	4	5	0	0	0	0									
分配职工薪酬	应付职工薪酬	工资	√											8	3	8	6	8	9	0	0
合计金额				¥	8	3	8	6	8	9	0	0	¥	8	3	8	6	8	9	0	0

附单据 1 张

财会主管：　　　记账：　　　复核：　　　制单：×××

转　账　凭　证

201×年 12 月 31 日　　　　转　字第 43-4/7 号

摘　要	会计科目		记账	借方金额									贷方金额								
	总账科目	明细科目		百	十	万	千	百	十	元	角	分	百	十	万	千	百	十	元	角	分
分配职工薪酬	生产成本	炼铁车间	√			1	9	0	2	6	0	0									
		炼钢车间	√			1	6	6	6	0	0	0									
		轧钢车间	√			2	8	2	8	0	0	0									
	制造费用	炼铁车间	√				2	9	0	9	2	0									
		炼钢车间	√				4	8	4	5	2	6									
合计金额																					

附单据 1 张

财会主管：　　　记账：　　　复核：　　　制单：×××

转　账　凭　证

201×年 12 月 31 日　　　　转　字第 43-5/7 号

摘　要	会计科目		记账	借方金额									贷方金额								
	总账科目	明细科目		百	十	万	千	百	十	元	角	分	百	十	万	千	百	十	元	角	分
分配职工薪酬	制造费用	轧钢车间	√				7	2	6	6	0	0									
	生产成本	机修车间	√				8	1	2	0	0	0									
		供电车间	√				3	4	4	4	0	0									
	管理费用		√			2	2	0	3	6	0	0									
	在建工程		√				4	8	3	0	0	0									
合计金额																					

附单据 1 张

财会主管：　　　记账：　　　复核：　　　制单：×××

转　账　凭　证

201×年 12 月 31 日　　　　转　字第 43–6/7 号

摘　要	会计科目		记账	借方金额									贷方金额								
	总账科目	明细科目		百	十	万	千	百	十	元	角	分	百	十	万	千	百	十	元	角	分
分配职工薪酬	应付职工薪酬	社会保险	√											1	1	7	4	1	6	4	6
合计金额				¥	1	1	7	4	1	6	4	6	¥	1	1	7	4	1	6	4	6

附单据 1 张

财会主管：　　记账：　　复核：　　制单：×××

转　账　凭　证

201×年 12 月 31 日　　　　转　字第 43–7/7 号

摘　要	会计科目		记账	借方金额									贷方金额								
	总账科目	明细科目		百	十	万	千	百	十	元	角	分	百	十	万	千	百	十	元	角	分
分配职工薪酬	管理费用		√			2	9	3	5	4	1	2									
分配职工薪酬	应付职工薪酬	工会经费	√												1	6	7	7	3	7	8
		教育经费	√												1	2	5	8	0	3	4
合计金额					¥	2	9	3	5	4	1	2		¥	2	9	3	5	4	1	2

附单据 1 张

财会主管：　　记账：　　复核：　　制单：×××

66–1

应付职工薪酬、工会经费、教育经费计算表

201×年 12 月 31 日

车间、部门	应付基本薪酬	劳动保险	工会经费（应付基本工薪 2%）	教育经费（应付基本工薪 1.5%）
炼铁车间				
生产工人	135 900.00	19 026.00		
管理人员	20 780.00	2 909.20		
炼钢车间				
生产工人	119 000.00	16 660.00		
管理人员	34 609.00	4 845.26		
轧钢车间				
生产工人	202 000.00	28 280.00		
管理人员	51 900.00	7 266.00		
机修车间	58 000.00	8 120.00		
供电车间	24 600.00	3 444.00		
公司管理部门	128 500.00	17 990.00		
福利部门	28 900.00	4 046.00		
在建工程	34 500.00	4 830.00		
合　计	838 689.00	117 416.46	16 773.78	12 580.34

会计：刘洋　　　　财务负责：石骏

67. 12 月 31 日，计提坏账准备。

转 账 凭 证

201×年 12 月 31 日　　　　转　字第 44 号

摘要	会计科目		记账	借方金额									贷方金额								
	总账科目	明细科目		百	十	万	千	百	十	元	角	分	百	十	万	千	百	十	元	角	分
计提坏账准备	资产减值损失		√		1	4	8	6	4	1	0	5									
计提坏账准备	坏账准备	应收账款	√											1	4	8	5	6	2	0	0
	坏账准备	其他应收款	√															7	9	0	5
合计金额				¥	1	4	8	6	4	1	0	5	¥	1	4	8	6	4	1	0	5

附单据 1 张

财会主管：　　记账：　　复核：　　制单：×××

67-1

坏账准备计算表

201×年 12 月 31 日　　　　金额单位：元

应收账款账面余额	坏账准备账面余额（贷方）	计提比例	计提坏账准备额
2 213 620.00	72 800.00	10%	148 562.00
其他应收款账面余额			
26 215.00	707.40	3%	79.05

会计：刘洋　　财务负责：石骏

68. 12 月 31 日，计提固定资产折旧。

转 账 凭 证

201×年 12 月 31 日　　　　转　字第 45-1/2 号

摘要	会计科目		记账	借方金额									贷方金额								
	总账科目	明细科目		百	十	万	千	百	十	元	角	分	百	十	万	千	百	十	元	角	分
计提固定资产折旧	制造费用	炼铁车间	√		1	1	9	8	1	2	5	0									
		炼钢车间	√		1	1	3	7	5	0	0	0									
		轧钢车间	√			7	1	8	7	5	0	0									
	生产成本	机修车间	√			2	2	5	0	0	0	0									
		供电车间	√			5	2	6	9	3	0	0									
合计金额																					

附单据 1 张

财会主管：　　记账：　　复核：　　制单：×××

转 账 凭 证

201×年 12 月 31 日　　　　转 字第 45-2/2 号

摘要	总账科目	明细科目	记账	借方金额	贷方金额
计提固定资产折旧	管理费用		√	5250000	
	销售费用		√	1462500	
	应付职工薪酬		√	1012500	
计提固定资产折旧	累计折旧		√		4578805 0
合计金额				¥4578805 0	¥4578805 0

附单据 1 张

财会主管：　　记账：　　复核：　　制单：×××

68-1

固定资产折旧计算表

201×年 12 月 31 日

使用部门	固定资产名称	原值（万元）	年折旧率	折旧额（元）
炼铁车间	厂房	500	7.5%（月折旧率 0.625%）	31 250.00
	1#高炉	890		55 625.00
	2#高炉	527		32 937.50
	小计	1 917		119 812.50
炼钢车间	厂房	320	7.5%	20 000.00
	转炉	680		42 500.00
	连铸机	820		51 250.00
	小计	1 820		113 750.00
轧钢车间	厂房	250	7.5%	15 625.00
	轧机	320		20 000.00
	加热炉	580		36 250.00
	小计	1 150		71 875.00
机修车间	厂房	100	7.5%	6 250.00
	铸机	180		11 250.00
	磨床	80		5 000.00
	小计	360		22 500.00
供电车间	配电室	515	8%（月折旧率 0.667%）	34 360.00
	供电系统	230		15 333.00
	仪表	45		3 000.00
	小计	790		52 693.00

续表

使用部门	固定资产名称	原值（万元）	年折旧率	折旧额（元）
公司管理部门				
	办公楼	625		46 875.00
	办公汽车	75	9%	5 625.00
	经营用车	195	（月折旧率 0.75%）	14 625.00
	小计	895		67 125.00
福利部门				
	医务所	80		6 000.00
	食堂设备	55	9%	4 125.00
	小计	135		10 125.00
合计		7 067		457 880.50

会计：刘洋　　　　财务负责：石骏

69. 12 月 31 日，分配辅助生产费用。供电车间负责全公司各部门用电的记录和管理（包括机修车间），机修车间只为 3 个基本生产车间提供维修劳务。

转 账 凭 证

201×年 12 月 31 日　　　　转　字第 46-1/3 号

摘要	会计科目		记账	借方金额									贷方金额								
	总账科目	明细科目		百	十	万	千	百	十	元	角	分	百	十	万	千	百	十	元	角	分
分配辅助生产费用	制造费用	炼铁车间	√			5	4	5	4	0	0	0									
		炼钢车间	√			7	4	5	3	8	0	0									
		轧钢车间	√		1	0	5	4	3	8	4	0									
分配辅助生产费用	生产成本	辅助生产成本——机修车间	√											2	3	4	5	1	6	4	0
合计金额				¥	2	3	4	5	1	6	4	0	¥	2	3	4	5	1	6	4	0

附单据 1 张

财会主管：　　记账：　　复核：　　制单：×××

转 账 凭 证

201×年 12 月 31 日　　　　转　字第 46-2/3 号

摘要	会计科目		记账	借方金额									贷方金额								
	总账科目	明细科目		百	十	万	千	百	十	元	角	分	百	十	万	千	百	十	元	角	分
分配辅助生产费用	制造费用	炼铁车间	√			8	2	7	8	5	2	8									
		炼钢车间	√			6	7	3	3	2	9	6									
		轧钢车间	√			5	2	8	5	9	5	2									
	生产成本	辅助生产成本——机修车间	√			2	9	3	6	6	4	0									
	管理费用		√				3	4	9	6	0	0									
合计金额																					

附单据 1 张

财会主管：　　记账：　　复核：　　制单：×××

转 账 凭 证

201×年 12 月 31 日　　　　　　　　转　字第 46-3/3 号

摘　要	会计科目		记账	借方金额									贷方金额								
	总账科目	明细科目		百	十	万	千	百	十	元	角	分	百	十	万	千	百	十	元	角	分
分配辅助生产费用	应付职工薪酬		√			1	5	3	8	2	4	0									
	在建工程		√				8	3	2	4	4	4									
分配辅助生产费用	生产成本	辅助生产成本——供电车间												2	5	9	5	4	7	0	0
合计金额				¥	2	5	9	5	4	7	0	0	¥	2	5	9	5	4	7	0	0

附单据 1 张

财会主管：　　　　记账：　　　　复核：　　　　制单：×××

69-1

辅助生产费用分配表

201×年 12 月 31 日

辅助生产车间	费用总额（元）	分配标准	分配率	分配金额（元）
机修车间	234 516. 40	一车间 3 000 工时 二车间 4 100 工时 三车间 5 800 工时 小计：12 900 工时	18. 18 元/工时	一车间 54 540. 00 二车间 74 538. 00 三车间 105 438. 40 （尾差-5. 60 计入三车间）
供电车间	259 547. 00		1. 3984 元/度	
耗电总数		185 600 度		
炼铁车间		59 200 度		82 785. 28
炼钢车间		48 150 度		67 332. 96
轧钢车间		37 800 度		52 859. 52
机修车间		21 000 度		29 366. 40
公司管理部门		2 500 度		3 496. 00
福利部门		11 000 度		15 382. 40
在建工程		5 950 度		8 324. 44
合计				259 547. 00

会计：刘洋　　　　　　　　财务负责：石骏

资料：先分配供电车间费用；供电车间费用分配后的尾差 3. 96 计入在建工程。

---

70. 12 月 31 日，分配制造费用。

转 账 凭 证

201×年 12 月 31 日　　　　转 字第 47–1/2 号

摘要	会计科目		记账	借方金额									贷方金额								
	总账科目	明细科目		百	十	万	千	百	十	元	角	分	百	十	万	千	百	十	元	角	分
分配制造费用	生产成本	炼铁车间	√		3	9	4	0	2	4	9	8									
		炼钢车间	√		4	6	2	2	5	6	0	2									
		轧钢车间	√		5	7	9	0	1	7	2	8									
分配制造费用	制造费用	炼铁车间	√											3	9	4	0	2	4	9	8
		炼钢车间	√											4	6	2	2	5	6	0	2
合计金额																					

附单据 1 张

财会主管：　　记账：　　复核：　　制单：×××

转 账 凭 证

201×年 12 月 31 日　　　　转 字第 47–2/2 号

摘要	会计科目		记账	借方金额									贷方金额								
	总账科目	明细科目		百	十	万	千	百	十	元	角	分	百	十	万	千	百	十	元	角	分
分配制造费用	制造费用	轧钢车间	√											5	7	9	0	1	7	2	8
合计金额				1	4	3	5	2	9	8	2	8	1	4	3	5	2	9	8	2	8

附单据 1 张

财会主管：　　记账：　　复核：　　制单：×××

70–1

制造费用明细表

201×年 12 月 31 日

费用项目	费用发生额			
	炼铁车间	炼钢车间	轧钢车间	合计
辅助材料			119 800.00	
辅助材料的材料成本差异			–1 198.00	
周转材料	14 900.00	17 040.00	27 918.00	
周转材料的材料成本差异	+298.00	+340.80	+558.36	
工薪费用	20 780.00	34 609.00	51 900.00	
保险费用	2 909.20	4 845.26	7 266.00	
水费	96 000.00	148 000.00	140 000.00	
电费	82 785.28	67 332.96	52 859.52	
机修	54 540.00	74 538.00	105 438.40	
折旧	119 812.50	113 750.00	71 875.00	
电话费	2 000.00	1 800.00	2 600.00	
小计	394 024.98	462 256.02	57 9017.28	

会计：刘洋　　　　财务负责：石骏

资料：制造费用全部直接计入本车间成本。

71. 12月31日，成本计算。

转 账 凭 证

*201×*年 *12* 月 *31* 日　　　　转　字第 *48-1/2* 号

摘要	会计科目		记账	借方金额									贷方金额								
	总账科目	明细科目		百	十	万	千	百	十	元	角	分	百	十	万	千	百	十	元	角	分
成本计算	自制半成品	钢坯	√		5	1	8	3	3	6	0	0									
成本计算	生产成本	二车间	√											5	1	8	3	3	6	0	0
合计金额				¥	5	1	8	3	3	6	0	0	¥	5	1	8	3	3	6	0	0

附单据 *6* 张

财会主管：　　　记账：　　　复核：　　　制单：×××

转 账 凭 证

*201×*年 *12* 月 *31* 日　　　　转　字第 *48-2/2* 号

摘要	会计科目		记账	借方金额										贷方金额									
	总账科目	明细科目		千	百	十	万	千	百	十	元	角	分	千	百	十	万	千	百	十	元	角	分
成本计算	库存商品	高速线材	√	1	0	5	5	0	5	8	0	0	0										
		螺纹钢	√		7	0	9	3	8	4	0	0	0										
成本计算	生产成本	高速线材	√											1	0	5	5	0	5	8	0	0	0
		螺纹钢	√												7	0	9	3	8	4	0	0	0
合计金额				1	7	6	4	4	4	2	0	0	0	1	7	6	4	4	4	2	0	0	0

附单据 *6* 张

财会主管：　　　记账：　　　复核：　　　制单：×××

71-1

公司成本计算方法——逐步结转分步法，一车间（炼铁）生产的铁水，直接转入第二车间（炼钢），第二车间生产的自制半成品（钢坯）直接由三车间（轧钢）领用，也可对外销售。本月共生产钢坯5 200吨，其中，200吨入自制半成品库，5 000吨转入下一生产步骤。第三车间本月生产两种产品：¢6.5mm高速线材3 000吨、¢12mm螺纹钢2 000吨。在产品与产成品成本按约当产量分配。月末采用先进先出法结转已销产品销售成本。

各车间产量记录

车间＼产量	期初在产品		本月投产	本月完工	月末在产品	
	产量（吨）	完工程度	产量（吨）	产量（吨）	产量（吨）	完工程度
炼铁车间	1 200	20%	5 000	5 200	1 000	20%原料 100%其他
炼钢车间	100	60%	5 200	5 200	100	60%原料 100%其他
轧钢车间	50	100%	5 000	5 000 其中： 高速线材 3 000 吨 螺纹钢 2 000 吨	50 其中： 高速线材 30 吨 螺纹钢 20 吨	100%

71-2

一车间（炼铁）成本计算单

单位：元

完工产量：5 200 吨

在产品量：1 000 吨

成本项目	期初在产品成本（1）	本期成本费用（2）	成本费用合计（3）	完工产品总成本（4）	完工产品单位成本（5）	月末在产品成本（6）
直接材料	2 560 000.00	7 147 000.00 +200 830.70	9 907 830.70	9 540 856.00	1 834.78	366 974.70
直接人工	93 200.00	135 900.00	229 100.00	192 140.00	36.95	36 960.00
其他直接支出	13 048.00	19 026.00	32 074.00	26 884.00	5.17	5 190.00
制造费用	186 700.00	394 024.98	580 724.98	487 084.00	93.67	93 640.98
合计	2 852 948.00	7 896 781.68	10 749 729.68	10 246 964.00	1 970.57	502 765.68

月末直接材料约当总量＝5 200＋1 000×20%＝5 400（吨）

月末其他项目约当总量＝5 200＋1 000＝6 200（吨）

71-3

二车间（炼钢）成本计算单

单位：元

完工产量：5 200 吨

在产品量：100 吨

成本项目	期初在产品成本（1）	本期成本费用（2）	成本费用合计（3）	完工产品总成本（4）	单位成本（5）	月末在产品成本（6）
直接材料	823 000.00 其中： 半成品成本 800 000.00	10 246 964.00 （上步骤转入） 1 692 000.00 +47 545.20（差异）	12 809 509.20 其中： 半成品成本 11 046 964.00	12 663 404.00 其中： 半成品成本 10 920 936.00	2 435.27 其中： 半成品成本 2 100.18	146 105.20 其中： 半成品成本 126 028.00
直接工资	74 000.00	119 000.00	193 000.00	189 384.00	36.42	3 616.00
其他直接支出	10 360.00	16 660.00	27 020.00	26 520.00	5.10	500.00
制造费用	146 640.00	462 256.02	608 896.02	597 428.00	114.89	11 468.02
合计	1 054 000.00	12 584 425.22	13 638 425.22	13 476 736.00	2 591.68	161 689.22

月末直接材料约当总量＝5 200＋100×60%＝5 260（吨）

月末其他项目约当总量＝5 200＋100＝5 300（吨）

71-4

三车间（轧钢）成本计算单

单位：元
完工产量：5 000 吨
在产品量：50 吨

成本项目	期初在产品成本（1）	本期成本费用（2）	成本费用合计（3）	单位成本（4）	高速线材生产费用合计（5）	螺纹钢生产费用合计（6）
直接材料	65 400.00 其中： 半成品成本 60 000.00	12 958 400.00 （上步骤转入） 2 910 000.00 +81 771.00（差异）	16 015 571.00 其中： 半成品成本 13 018 400.00	3 171.40 其中： 半成品成本 2 577.90	9 609 342.00 其中： 半成品成本 7 811 037.00	6 406 229.00 其中： 半成品成本 5 207 363.00
直接工资	30 800.00	202 000.00	232 800.00	40.10	121 503.00	111 297.00
其他直接支出	4 312.00	28 280.00	32 592.00	6.45	19 543.50	13 048.50
制造费用	58 188.00	579 017.28	637 205.28	126.18	382 325.40	254 879.88
合计	158 700.00	16 759 468.28	16 918 168.28	3 344.13	10 132 713.90	6 785 454.38

注：三车间发生的各项成本费用按完工产量和在产品量（1∶1）比例在两种产品中分配。（分配时保留小数点后两位，尾差计入螺纹钢）

71-5

三车间高速线材成本计算单

单位：元
完工产量：3 000 吨
在产品量：30 吨

规格：¢6.5mm

成本项目	本月成本费用合计（1）	完工产品总成本（2）	完工产品单位成本（3）	月末在产品成本（4）
直接材料	10 132 713.90	10 032 390.00	3 344.13	100 323.90
直接人工	121 503.00	120 300.00	40.10	1 203.00
其他直接支出	19 543.50	19 350.00	6.45	193.50
制造费用	382 325.40	378 540.00	126.18	3 785.40
合计	10 656 085.80	10 550 580.00	3 516.86	105 508.80

71-6

三车间螺纹钢成本计算单

单位：元
完工产量：2 000 吨
在产品量：20 吨

规格：¢12mm

成本项目	本期成本费用合计（1）	完工产品总成本（2）	单位成本（3）	月末在产品成本（4）
直接材料	6 785 462.38	6 718 280.00	3 359.14	67 174.38
直接人工	111 297.00	110 200.00	55.10	1 097.00
其他直接支出	13 048.50	12 920.00	6.46	128.50
制造费用	254 879.88	252 360.00	126.18	2 519.88
合计	7 164 679.76	7 093 760.00	3 546.88	70 919.76

72. 12 月 31 日，计算各种利息费用。

转 账 凭 证

201×年 12 月 31 日　　　　转　字第 *49* 号

摘　要	会计科目		记账	借方金额									贷方金额								
	总账科目	明细科目		百	十	万	千	百	十	元	角	分	百	十	万	千	百	十	元	角	分
计算利息费用	财务费用		√		1	0	4	7	4	0	0	0									
	在建工程		√			1	2	5	0	0	0	0									
计算利息费用	长期借款		√												6	2	4	9	0	0	0
	应付利息		√												2	6	7	5	0	0	0
	应付债券		√												2	8	0	0	0	0	0
合计金额				¥	1	1	7	2	4	0	0	0	¥	1	1	7	2	4	0	0	0

附单据 *1* 张

财会主管：　　　记账：　　　复核：　　　制单：×××

72-1

利息费用计算表

201×年 12 月 31 日　　　　金额单位：元

项目	借款本金	年利率	利息	对方科目
短期借款	5 350 000.00	6%	26 750.00	财务费用
长期借款	3 000 000.00	5%	12 500.00	在建工程
长期借款	3 956 000.00	1.5164%	49 990.00	财务费用
应付债券	4 200 000.00	8%	28 000.00	财务费用

注：利息均按月计提。

---

73. 12 月 31 日，摊销无形资产、长期待摊费用等。

转 账 凭 证

201×年 12 月 31 日　　　　转　字第 *50* 号

摘　要	会计科目		记账	借方金额									贷方金额								
	总账科目	明细科目		百	十	万	千	百	十	元	角	分	百	十	万	千	百	十	元	角	分
摊销无形资产、长期待摊费用等	管理费用		√			1	1	1	8	0	0	0									
摊销无形资产、长期待摊费用等	累计摊销		√													2	3	4	6	6	7
摊销无形资产、长期待摊费用等	长期待摊费用		√													8	8	3	3	3	3
合计金额					¥	1	1	1	8	0	0	0		¥	1	1	1	8	0	0	0

附单据 *1* 张

财会主管：　　　记账：　　　复核：　　　制单：×××

73-1

无形资产、长期待摊费用摊销计算表

201×年 12 月 31 日

金额单位：元

项　目	金　额	摊销期限（年）	摊销额
无形资产			
其中：期初数	228 000.00	10	1 900.00
本期数	26 800.00	5	446.67
长期待摊费用			
其中：期初数	53 000.00	1/2	8 833.33

---

74. 12 月 31 日，计提资产减值准备。

转　账　凭　证

201×年 *12* 月 *31* 日　　　　转　字第 *51* 号

摘　要	会计科目		记账	借方金额									贷方金额								
	总账科目	明细科目		百	十	万	千	百	十	元	角	分	百	十	万	千	百	十	元	角	分
计提资产减值准备	资产减值损失		√				6	0	0	0	0	0									
计提资产减值准备	持有至到期投资减值准备		√													5	0	0	0	0	0
	无形资产减值准备		√													1	0	0	0	0	0
合计金额						¥	6	0	0	0	0	0			¥	6	0	0	0	0	0

附单据 1 张

财会主管：　　记账：　　复核：　　制单：×××

74-1

资产减值准备计算表

201×年 12 月 31 日

单位：元

资产项目	账面价值（或成本）	可变现净值（或市价）	减值损失	期初减值准备	当期计提减值准备
交易性金融资产	120 000.00	120 000.00			
存货	8 651 907.81	8 520 507.81	131 400.00	131 400.00	
持有至到期投资	701 600.00	576 600.00	125 000.00	120 000.00	5 000.00
固定资产	22 984 996.10	21 726 996.10	1 258 000.00	1 258 000.00	
在建工程	2 104 884.44	2 104 884.44			
无形资产	252 453.33	251 453.33	1 000.00		1 000.00

---

75. 12 月 31 日，摊销未确认融资费用（见业务 10）。

转 账 凭 证

201×年 12 月 31 日　　　　转　字第 52 号

摘要	会计科目		记账	借方金额（百十万千百十元角分）	贷方金额（百十万千百十元角分）
	总账科目	明细科目			
摊销未确认融资费用	财务费用		√	697500	
摊销未确认融资费用	未确认融资费用		√		697500
合计金额				¥697500	¥697500

附单据 1 张

财会主管：　　记账：　　复核：　　制单：×××

自制凭证：未确认融资费用计算表

76. 结转已售产品成本。

转 账 凭 证

201×年 12 月 31 日　　　　转　字第 53 号

摘要	会计科目		记账	借方金额（百十万千百十元角分）	贷方金额（百十万千百十元角分）
	总账科目	明细科目			
结转已售产品成本	主营业务成本		√	453600000	
	库存商品		√		283600000
	自制半成品		√		46400000
	发出商品		√		123600000
合计金额				453600000	453600000

附单据 1 张

财会主管：　　记账：　　复核：　　制单：×××

76-1

产品销售成本计算表

201×年 12 月 31 日　　　　金额单位：元

已售产品	销售方式	销售量（吨）	单位成本	产品成本总额	对方科目
¢25mm 螺纹钢	托收承付	200	3 290.00	658 000.00	库存商品
¢25mm 螺纹钢	赊销	200	3 290.00	658 000.00	库存商品
¢12mm 螺纹钢	分期收款销售	60	3 100.00	186 000.00	发出商品
钢坯 95#	现销	200	2 320.00	464 000.00	自制半成品
高速线材	委托代销	300	3 500.00	1 050 000.00	发出商品
普通线材	商业汇票	400	3 800.00	1 520 000.00	库存商品

77. 12 月 31 日，计算各项流转税。

转 账 凭 证

*201×*年 *12* 月 *31* 日　　　　转　字第 *54* 号

摘要	会计科目		记账	借方金额									贷方金额								
	总账科目	明细科目		百	十	万	千	百	十	元	角	分	百	十	万	千	百	十	元	角	分
计算各项流转税	税金及附加		√			3	0	9	8	4	3	0									
计算各项流转税	应交税费	城建税	√												2	1	6	8	9	0	1
		教育费附加	√													9	2	9	5	2	9
合计金额					¥	3	0	9	8	4	3	0		¥	3	0	9	8	4	3	0

附单据 *1* 张

财会主管：　　记账：　　复核：　　制单：×××

77-1

各项流转税计算表

201×年 12 月 31 日

税种	税率	应纳税额
城建税	7%	21 689.01
教育费附加	3%	9 295.29

---

78. 纳税调整。

转 账 凭 证

*201×*年 *12* 月 *31* 日　　　　转　字第 *55-1/2* 号

摘要	会计科目		记账	借方金额									贷方金额								
	总账科目	明细科目		百	十	万	千	百	十	元	角	分	百	十	万	千	百	十	元	角	分
纳税调整	所得税费用		√	3	3	2	1	5	5	3	1	3									
纳税调整	应交税费	应交所得税	√										3	3	2	1	5	5	3	1	3
合计金额				3	3	2	1	5	5	3	1	3	3	3	2	1	5	5	3	1	3

附单据 *1* 张

财会主管：　　记账：　　复核：　　制单：×××

转 账 凭 证

201×年12月31日 转 字第55-2/2号

摘 要	会计科目		记账	借方金额									贷方金额								
	总账科目	明细科目		百	十	万	千	百	十	元	角	分	百	十	万	千	百	十	元	角	分
纳税调整	本年利润		√	3	3	2	1	5	5	3	1	3									
纳税调整	所得税费用		√										3	3	2	1	5	5	3	1	3
合计金额				3	3	2	1	5	5	3	1	3	3	3	2	1	5	5	3	1	3

附单据1张

财会主管： 记账： 复核： 制单：×××

78-1

12月31日，进行所得税调整。计算全年应交所得税，并申报本月应交数。（提示：（1）1—12月份管理费用中业务招待费1 356 000.00元；（2）全年销售费用中列支广告费未超标；（3）固定资产折旧计提未超过税务部门规定的标准；（4）税法规定坏账准备计提比例为0.5%）

1. 业务招待费

全年收入=（64 842 300.00+1 320 000.00）+（5 285 000.00+1 772 800.00）

=73 220 100.00（元）

扣除限额=73 220 100.00×5‰=366 100.50（元）

实际扣除额=1 356 000.00×60%=813 600.00（元）

超标准额=813 600.00-366 100.50 = 447 499.50（元）

2. 坏账准备

按税法规定，按年末应收账款的0.5%计提：

当期应计提坏账准备=11 199.18+23 000.00-（958 000.00+23 500.00）×5‰

=29 291.68（元）

实际数=148 562+79.05=148 641.05（元）

超标准=148 641.05-29 291.68=119 349.37（元）

以上各项超标准合计=447 499.50+119 349.37=566 848.87（元）

全年利润=12 459 676.47+259 687.17=12 719 363.64（元）

应纳税所得额=12 664 363.64+566 848.87=1 323 121.51（元）

所得税=1 323 121.51×25%=3 307 803.13（元）

全年净利润=12 664 363.64-3 307 803.13=9 356 560.51（元）

---

79. 12月31日，会计估计、会计政策变更。（假设采用个别折旧率、累计折旧单项计提固定资产折旧）由于科技进步，以及市场上相同产品更新换代因素的影响，本公司决定对201×-2年1月1日购入的大型轧钢设备，原值400万元，原预计使用10年，预计净残值率5%，现将直线法改为双倍余额递减法。

转 账 凭 证

*201×*年 *12* 月 *31* 日　　　　转　字第 *56* 号

摘要	会计科目 总账科目	会计科目 明细科目	记账	借方金额（百十万千百十元角分）	贷方金额（百十万千百十元角分）
固定资产折旧累计影响额	利润分配	未分配利润	√	81200000	
	累计折旧		√		81200000
合计金额				¥81200000	¥81200000

附单据 *1* 张

财会主管：　　记账：　　复核：　　制单：×××

79-1　　**固定资产折旧累计影响额计算表**

201×年 12 月 31 日

年份	直线法	双倍余额递减法	影响额
201×-2	380 000	800 000	420 000
201×-1	380 000	640 000	260 000
201×	380 000	512 000	132 000
合计	1 140 000	1 952 000	812 000

80. 12 月 31 日，年末进行固定资产、存货盘点。

转 账 凭 证

*201×*年 *12* 月 *31* 日　　　　转　字第 *57-1/2* 号

摘要	会计科目 总账科目	会计科目 明细科目	记账	借方金额（百十万千百十元角分）	贷方金额（百十万千百十元角分）
固定资产盘盈	固定资产		√	5500000	
固定资产盘盈	以前年度损益调整		√		5500000
合计金额				¥5500000	¥5500000

附单据 *1* 张

财会主管：　　记账：　　复核：　　制单：×××

转 账 凭 证

201×年 12 月 31 日　　　　转 字第 57-2/2 号

摘 要	会计科目		记账	借方金额									贷方金额								
	总账科目	明细科目		百	十	万	千	百	十	元	角	分	百	十	万	千	百	十	元	角	分
结转以前年度调整	以前年度损益调整		√			5	5	0	0	0	0	0									
	利润分配	未分配利润	√												5	5	0	0	0	0	0
合计金额					¥	5	5	0	0	0	0	0		¥	5	5	0	0	0	0	0

附单据 1 张

财会主管：　　记账：　　复核：　　制单：×××

转 账 凭 证

201×年 12 月 31 日　　　　转 字第 58-1/2 号

摘 要	会计科目		记账	借方金额									贷方金额								
	总账科目	明细科目		百	十	万	千	百	十	元	角	分	百	十	万	千	百	十	元	角	分
存货盘亏	待处理财产损溢	待处理流动资产损溢	√			2	1	0	5	0	3	5									
存货盘亏	原材料	机油	√												1	7	5	0	0	0	0
	材料成本差异		√														4	9	1	7	5
	应交税费	应交增值税（进项税额转出）	√													3	0	5	8	6	0
合计金额					¥	2	1	0	5	0	3	5		¥	2	1	0	5	0	3	5

附单据 1 张

财会主管：　　记账：　　复核：　　制单：×××

转 账 凭 证

201×年 12 月 31 日　　　　转 字第 58-2/2 号

摘 要	会计科目		记账	借方金额									贷方金额								
	总账科目	明细科目		百	十	万	千	百	十	元	角	分	百	十	万	千	百	十	元	角	分
转销盘亏存货	管理费用		√			2	1	0	5	0	3	5									
转销盘亏存货	待处理财产损溢	待处理流动资产损溢	√												2	1	0	5	0	3	5
合计金额					¥	2	1	0	5	0	3	5		¥	2	1	0	5	0	3	5

附单据 1 张

财会主管：　　记账：　　复核：　　制单：×××

转 账 凭 证

201×年 12 月 31 日　　　　转　字第 59-1/2 号

摘要	会计科目		记账	借方金额	贷方金额
	总账科目	明细科目		百十万千百十元角分	百十万千百十元角分
存货盘盈	库存商品	螺纹钢	√	620000	
存货盘盈	待处理财产损溢	待处理流动资产损溢	√		620000
合计金额				¥620000	¥620000

附单据 1 张

财会主管：　　记账：　　复核：　　制单：×××

转 账 凭 证

201×年 12 月 31 日　　　　转　字第 59-2/2 号

摘要	会计科目		记账	借方金额	贷方金额
	总账科目	明细科目		百十万千百十元角分	百十万千百十元角分
转销盘盈存货	待处理财产损溢	待处理流动资产损溢	√	620000	
转销盘盈存货	管理费用		√		620000
合计金额				¥620000	¥620000

附单据 1 张

财会主管：　　记账：　　复核：　　制单：×××

80-1

固定资产盘点表

201×年 12 月 31 日　　　　金额单位：元

固定资产名称	账面价值	实存价值	盘盈	盘亏
电机	72 304 000.00	72 359 000.00	55 000.00（原因待查）	

会计：刘洋　　财务负责：石骏

80-2

存货盘点表

201×年 12 月 31 日　　　　金额单位：元

存货名称	数量	单价	盘盈	盘亏
机油	50 升	350.00		17 500.00
螺纹钢 ¢12mm	2 吨	3 100.00	6 200.00	

会计：刘洋　　财务负责：石骏

81. 12 月 31 日，计算利润总额。

转 账 凭 证

201×年 12 月 31 日　　转 字第 60-1/2 号

摘要	会计科目		记账	借方金额									贷方金额								
	总账科目	明细科目		百	十	万	千	百	十	元	角	分	百	十	万	千	百	十	元	角	分
计算利润总额	本年利润		√	6	9	9	4	9	6	2	8	3									
计算利润总额	主营业务成本		√										4	5	3	6	0	0	0	0	0
	税金及附加		√												3	0	9	8	4	3	0
	销售费用		√											1	0	9	8	7	5	0	0
	管理费用		√											2	2	4	1	1	6	4	7
合计金额																					

附单据 1 张

财会主管：　　记账：　　复核：　　制单：×××

转 账 凭 证

201×年 12 月 31 日　　转 字第 60-2/2 号

摘要	会计科目		记账	借方金额									贷方金额								
	总账科目	明细科目		百	十	万	千	百	十	元	角	分	百	十	万	千	百	十	元	角	分
计算利润总额	财务费用		√											1	3	5	3	6	5	8	7
	其他业务成本		√										1	4	7	2	3	3	5	0	0
	营业外支出		√											3	3	1	6	4	5	1	4
	资产减值损失		√											1	5	4	6	4	1	0	5
合计金额				6	9	9	4	9	6	2	8	3	6	9	9	4	9	6	2	8	3

附单据 1 张

财会主管：　　记账：　　复核：　　制单：×××

转 账 凭 证

201×年 12 月 31 日　　转 字第 61 号

摘要	会计科目		记账	借方金额									贷方金额								
	总账科目	明细科目		百	十	万	千	百	十	元	角	分	百	十	万	千	百	十	元	角	分
计算利润总额	主营业务收入		√	5	2	8	5	0	0	0	0	0									
	其他业务收入		√	1	7	7	2	8	0	0	0	0									
	投资收益		√		1	3	0	0	0	0	0	0									
	营业外收入		√			1	1	8	5	0	0	0									
计算利润总额	本年利润												7	1	9	9	6	5	0	0	0
合计金额				7	1	9	9	6	5	0	0	0	7	1	9	9	6	5	0	0	0

附单据 1 张

财会主管：　　记账：　　复核：　　制单：×××

自制凭证：利润总额计算表

82. 纳税调整及计算所得税。

全年利润 = 12 459 676.47+204 687.17 = 12 664 363.64（元）

应纳税所得额 = 12 664 363.64+566 848.87（纳税调整）= 13 231 212.51（元）

所得税 = 13 231 212.51×25% = 3 307 803.13（元）

全年净利润 = 12 664 363.64−3 307 803.13 = 9 356 560.51（元）

转 账 凭 证

201×年 12 月 31 日　　　　转 字第 62−1/2 号

摘要	会计科目		记账	借方金额									贷方金额								
	总账科目	明细科目		百	十	万	千	百	十	元	角	分	百	十	万	千	百	十	元	角	分
计算所得税	所得税费用		√	3	3	0	7	8	0	3	1	3									
计算所得税	应交税费	应交所得税	√										3	3	0	7	8	0	3	1	3
合计金额				3	3	0	7	8	0	3	1	3	3	3	0	7	8	0	3	1	3

附单据 1 张

财会主管：　　记账：　　复核：　　制单：×××

转 账 凭 证

201×年 12 月 31 日　　　　转 字第 62−2/2 号

摘要	会计科目		记账	借方金额									贷方金额								
	总账科目	明细科目		百	十	万	千	百	十	元	角	分	百	十	万	千	百	十	元	角	分
结转利润	本年利润		√	3	3	0	7	8	0	3	1	3									
结转利润	所得税费用		√										3	3	0	7	8	0	3	1	3
合计金额				3	3	0	7	8	0	3	1	3	3	3	0	7	8	0	3	1	3

附单据 1 张

财会主管：　　记账：　　复核：　　制单：×××

83. 12 月 31 日，进行利润分配。召开董事会，制订了利润分配方案如下：按照本年实现净利润的 10% 提取法定盈余公积、15% 提取任意盈余公积，按照本年净利润扣除上述两项的净额加上年未分配利润的 10% 发放股利。

转　账　凭　证

201×年 12 月 31 日　　　　转　字第 63－1/4 号

摘　要	会计科目		记账	借方金额									贷方金额								
	总账科目	明细科目		百	十	万	千	百	十	元	角	分	百	十	万	千	百	十	元	角	分
结转利润	本年利润		√	9	3	5	6	5	6	0	5	1									
结转利润	利润分配	未分配利润	√										9	3	5	6	5	6	0	5	1
合计金额				9	3	5	6	5	6	0	5	1	9	3	5	6	5	6	0	5	1

附单据 1 张

财会主管：　　记账：　　复核：　　制单：×××

转　账　凭　证

201×年 12 月 31 日　　　　转　字第 63－2/4 号

摘　要	会计科目		记账	借方金额									贷方金额								
	总账科目	明细科目		百	十	万	千	百	十	元	角	分	百	十	万	千	百	十	元	角	分
利润分配	利润分配	未分配利润	√	3	4	9	0	8	8	2	1	7									
利润分配	利润分配	提取法定盈余公积	√											9	3	5	6	5	6	0	5
		提取任意盈余公积	√										1	4	0	3	4	8	4	0	8
		应付普通股股利	√										1	1	5	1	7	4	2	0	4
合计金额				3	4	9	0	8	8	2	1	7	3	4	9	0	8	8	2	1	7

附单据 1 张

财会主管：　　记账：　　复核：　　制单：×××

转　账　凭　证

201×年 12 月 31 日　　　　转　字第 63－3/4 号

摘　要	会计科目		记账	借方金额									贷方金额								
	总账科目	明细科目		百	十	万	千	百	十	元	角	分	百	十	万	千	百	十	元	角	分
转入盈余公积	利润分配	提取法定盈余公积	√		9	3	5	6	5	6	0	5									
		提取任意盈余公积	√	1	4	0	3	4	8	4	0	8									
		应付普通股股利	√	1	1	5	1	7	4	2	0	4									
转入盈余公积	盈余公积	提取法定盈余公积	√											9	3	5	6	5	6	0	5
		提取任意盈余公积	√										1	4	0	3	4	8	4	0	8
合计金额																					

附单据 1 张

财会主管：　　记账：　　复核：　　制单：×××

转 账 凭 证

201×年 12 月 31 日　　　　转　字第 63-4/4 号

摘要	会计科目		记账	借方金额									贷方金额								
	总账科目	明细科目		百	十	万	千	百	十	元	角	分	百	十	万	千	百	十	元	角	分
转入盈余公积	应付股利	应付普通股股利	√										1	1	5	1	7	4	2	0	4
合计金额				3	4	9	0	8	8	2	1	7	3	4	9	0	8	8	2	1	7

附单据 1 张

财会主管：　　　记账：　　　复核：　　　制单：×××

83-1

利润分配计算表

201×年 12 月 31 日

分配项目	比例	金额（元）
可供分配的利润		（全年实现净利润）9 356 560. 51
提取法定盈余公积	10%	935 656. 05
提取任意盈余公积	15%	1 403 484. 08
可供投资者分配的利润		7 017 420. 38+4 500 000（年初数）= 11 517 420. 38
应付普通股股利	10%	1 151 742. 04
未分配利润		10 365 678. 34

第二单元

模拟实训审计资料

被审计单位及审计项目：大华钢铁公司201×年度的会计报表审计

东方会计师事务所（地址：北京市东长安街156号经审大厦　邮编：100006　电话：010-67534886　传真：010-67534886　联系人：赵健）接受委托，负责对大华钢铁公司201×年度的会计报表进行审计。

审计人员：审计项目组共6人，刘力为项目负责人，成员有李龙海、张同、李司、张虹、陈思思。

审计工作时间：201×+1年2月20—28日

具体审计工作底稿编制及复核工作分工见下表：

审计项目		编制人	编制日期	复核人	复核日期
销售与收款循环审计	营业收入审计	陈思思	201×+1.2.20	刘力	201×+1.2.22
	应收账款审计	陈思思	201×+1.2.20	张同	201×+1.2.24
	其他项目审计	陈思思	201×+1.2.22	张同	201×+1.2.23
购货与付款循环审计	固定资产审计	刘力	201×+1.2.20	张虹	201×+1.2.24
	应付账款审计	李龙海	201×+1.2.20	刘力	201×+1.2.26
	其他项目审计	李龙海	201×+1.2.23	刘力	201×+1.2.24
生产与存货循环审计	存货审计	李司	201×+1.2.20	刘力	201×+1.2.23
	其他项目审计	张同	201×+1.2.25	李司	201×+1.2.26
筹资与投资循环审计	筹资业务审计	张虹	201×+1.2.20	刘力	201×+1.2.26
	投资业务审计	李司	201×+1.2.23	李龙海	201×+1.2.25
货币资金审计		陈思思	201×+1.2.24	刘力	201×+1.2.28

重要性水平的确定：

报表层次的重要性水平：由于是连续审计，该项目组成员根据被审计单位的各方面情况，按期末资产总额的0.5%即30万元确定会计报表层次的重要性水平。

各类交易、账户余额、列报认定层次的重要性水平：审计结束后按各账户的重要性水平即报表项目的0.5%确定，并分别计入账项调整分录汇总表和未更正错报汇总表。

部分审计相关资料如下：

上期审定数的确定：在填制审计工作底稿时，以账簿的期初余额作为上期审定数。

一、销售与收款循环审计

（一）“主营业务收入”审计业务相关资料

201×-1 年、201×年各月销售情况汇总表

月份	主营业务收入		主营业务成本	
	201×-1 年度	201×年度	201×-1 年度	201×年度
1	2 300 000.00		1 800 000.00	3 011 000.00
2	3 100 000.00		2 520 000.00	3 352 100.00
3	2 186 000.00		1 983 000.00	3 532 100.00
4	4 680 000.00		4 380 000.00	2 162 100.00
5	4 100 000.00		3 800 000.00	3 362 100.00
6	3 320 000.00		3 020 000.00	3 082 100.00
7	4 000 000.00		3 470 000.00	5 152 100.00
8	3 909 000.00		3 389 000.00	3 332 100.00
9	2 987 000.00		2 500 000.00	3 272 100.00
10	3 830 000.00		3 390 000.00	4 358 100.00
11	4 015 600.00		3 718 600.00	4 324 100.00
12	7 785 000.00		5 089 000.00	4 536 000.00
合计	46 212 600.00		39 059 600.00	43 476 000.00

201×+1 年 1 月份部分收入情况汇总表

记账日期	凭证编号	客户名称	货物名称	营业收入	增值税额	发票内容					发货记录			
						编号	日期	单价	数量	金额	日期	名称	数量	金额
2 日	转 3	华钢工贸	普通线材	451 000.00	76 670.00	N05841	201×年12 月 28 日	4 510.00	100	451 000.00	201×年12 月 31 日	普通线材	100	451 000.00
5 日	转 7	庆阳五金	95#钢坯	84 000.00	14 280.00	N05842	201×+1 年1 月 4 日	3 000.00	28	84 000.00	201×+1 年1 月 4 日	95#钢坯	28	84 000.00
6 日	银收 8	鞍山钢铁集团	¢25mm 螺纹钢	700 000.00	119 000.00	N05842	201×+1 年1 月 2 日	3 500.00	200	700 000.00	201×+1 年1 月 5 日	¢25mm 螺纹钢	200	700 000.00

201×年 12 月 31 日应交税费明细表　　单位：元

应交税费明细项目	金额
企业所得税	3 501 487.41
增值税	301 581.59
房产税	640.00
城市维护建设税	21 689.01
教育费附加	9 295.29
代扣代缴个人所得税	53 200.00
合计	3 887 893.30

（二）“应收款项”审计业务相关资料

1. 应收款项账龄情况

（1）应收账款

华钢工贸股份有限公司应收账款余额 1 853 920.00 元，其中：3 年以上的 520 000.00 元，其余为 1~2 年。

大成建设公司应收账款余额 359 700.00 元，其中：2~3 年的 100 000.00 元，其余为 1~2 年。

（2）其他应收款

其他应收款余额 26 215.00 元，全部为当年发生额。

2. 应收款项坏账准备的计提比例

（1）应收账款坏账准备原计提比例为 10%

根据企业的具体情况，注册会计师认定该公司的坏账计提比例过低，应按以下比例调整：3 年以上按 80% 计提；2~3 年按 50% 计提；1~2 年均按 10% 计提（本期审计调整数除外）。

（2）其他应收款坏账准备的计提比例为 3%

3. 与客户（应收账款明细账单位）关系

被审计单位大华钢铁公司与客户（应收账款明细账单位）关系为非关联方。

4. 应收账款函证情况

（1）应收账款发函记录（积极方式）

	为民钢材公司		华钢工贸		大成建设		前程建筑		沈阳漫源		光彩矿石	
	第一次	第二次	第一次	第二次	第一次	第二次	第一次	第二次	第一次	第二次	第一次	第二次
发函时间	201×+1.2.20		201×+1.2.20		201×+1.2.20	201×+1.2.25	201×+1.2.20		201×+1.2.20		201×+1.2.20	
发函人	陈思思		陈思思		陈思思		陈思思		陈思思		陈思思	

（2）询证函回函

企业询证函

编号：1

为民钢材公司：

本公司聘请的东方会计师事务所正在对本公司201×年度财务报表进行审计，按照中国注册会计师审计准则的要求，应当询证本公司与贵公司的往来账项等事项。下列数据出自本公司账簿记录，如与贵公司记录相符，请在本函下端“信息证明无误”处签章证明；如有不符，请在“信息不符”处列明不符金额。回函请直接寄至东方会计师事务所。

回函地址：北京市东长安街156号经审大厦

邮编：100006　电话：010-67534886　传真：010-67534886　联系人：赵健

1. 本公司与贵公司的往来账项列示如下：

单位：元

截止日期	贵公司欠	欠贵公司	备注
201×年12月31日	0.00	0.00	

2. 其他事项：

本函仅为复核账目之用，并非催款结算。若款项在上述日期之后已经付清，仍请及时函复为盼，并注明付款的情况，以便查对。

大华钢铁公司
100345678911288
财务专用章

（公司盖章）

201×+1年2月20日

结论：

1. 信息证明无误

为民钢材公司财务专用章

（公司盖章）

201×+1年2月25日

经办人：李贺

2. 信息不符，请列明不符的详细情况

（公司盖章）

年　月　日

经办人：

企业询证函

编号：2

华钢工贸股份有限公司：

本公司聘请的东方会计师事务所正在对本公司201×年度财务报表进行审计，按照中国注册会计师审计准则的要求，应当询证本公司与贵公司的往来账项等事项。下列数据出自本公司账簿记录，如与贵公司记录相符，请在本函下端“信息证明无误”处签章证明；如有不符，请在“信息不符”处列明不符金额。回函请直接寄至东方会计师事务所。

回函地址：北京市东长安街156号经审大厦

邮编：100006　电话：010-67534886　传真：010-67534886　联系人：赵健

1. 本公司与贵公司的往来账项列示如下：

单位：元

截止日期	贵公司欠	欠贵公司	备注
201×年12月31日	1 853 920.00	7 820 000.00	

2. 其他事项：

本函仅为复核账目之用，并非催款结算。若款项在上述日期之后已经付清，仍请及时函复为盼，并注明付款的情况，以便查对。

大华钢铁公司
100345678911288
财务专用章

（公司盖章）
201×+1年2月20日

结论：

1. 信息证明无误

（公司盖章）
年　　月　　日
经办人：

2. 信息不符，请列明不符的详细情况
截至201×年12月31日，我公司欠贵公司货款为1 913 470.00元，贵公司欠我公司货款余额为7 820 000.00元。

华钢工贸股份有限公司
132860789567980
财务专用章

（公司盖章）
201×+1年2月24日
经办人：张然

注：经进一步核实，华钢工贸股份有限公司与被审计单位提供账户余额不符的原因，属于记账时间的差异，不视为错报。

企业询证函

编号：3

前程建筑公司：

本公司聘请的东方会计师事务所正在对本公司201×年度财务报表进行审计，按照中国注册会计师审计准则的要求，应当询证本公司与贵公司的往来账项等事项。下列数据出自本公司账簿记录，如与贵公司记录相符，请在本函下端“信息证明无误”处签章证明；如有不符，请在“信息不符”处列明不符金额。回函请直接寄至东方会计师事务所。

回函地址：北京市东长安街156号经审大厦

邮编：100006 电话：010-67534886 传真：010-67534886 联系人：赵健

1. 本公司与贵公司的往来账项列示如下：

单位：元

截止日期	贵公司欠	欠贵公司	备注
201×年12月31日	0.00	0.00	

2. 其他事项：

本函仅为复核账目之用，并非催款结算。若款项在上述日期之后已经付清，仍请及时函复为盼，并注明付款的情况，以便查对。

大华钢铁公司 100345678911288 财务专用章

（公司盖章）

201×+1年2月20日

结论：

1. 信息证明无误

前程建筑公司 630074553672802 财务专用章

（公司盖章）

201×+1年2月25日

经办人：牛晨

2. 信息不符，请列明不符的详细情况

（公司盖章）

年 月 日

经办人：

企业询证函

编号：4

沈阳漫源公司：

本公司聘请的东方会计师事务所正在对本公司201×年度财务报表进行审计，按照中国注册会计师审计准则的要求，应当询证本公司与贵公司的往来账项等事项。下列数据出自本公司账簿记录，如与贵公司记录相符，请在本函下端“信息证明无误”处签章证明；如有不符，请在“信息不符”处列明不符金额。回函请直接寄至东方会计师事务所。

回函地址：北京市东长安街156号经审大厦

邮编：100006　电话：010-67534886　传真：010-67534886　联系人：赵健

1. 本公司与贵公司的往来账项列示如下：

单位：元

截止日期	贵公司欠	欠贵公司	备注
201×年12月31日	0.00	0.00	

2. 其他事项：

本函仅为复核账目之用，并非催款结算。若款项在上述日期之后已经付清，仍请及时函复为盼，并注明付款的情况，以便查对。

大华钢铁公司
100345678911288
财务专用章

（公司盖章）

201×+1年2月20日

结论：

1. 信息证明无误

沈阳漫源公司
187693652908773
财务专用章

（公司盖章）

201×+1年2月23日

经办人：吴伟航

2. 信息不符，请列明不符的详细情况

（公司盖章）

年　月　日

经办人：

企业询证函

编号：5

光彩矿石公司：

本公司聘请的东方会计师事务所正在对本公司201×年度财务报表进行审计，按照中国注册会计师审计准则的要求，应当询证本公司与贵公司的往来账项等事项。下列数据出自本公司账簿记录，如与贵公司记录相符，请在本函下端“信息证明无误”处签章证明；如有不符，请在“信息不符”处列明不符金额。回函请直接寄至东方会计师事务所。

回函地址：北京市东长安街156号经审大厦

邮编：100006　电话：010-67534886　传真：010-67534886　联系人：赵健

1. 本公司与贵公司的往来账项列示如下：

单位：元

截止日期	贵公司欠	欠贵公司	备注
201×年12月31日	0.00	0.00	

2. 其他事项：

本函仅为复核账目之用，并非催款结算。若款项在上述日期之后已经付清，仍请及时函复为盼，并注明付款的情况，以便查对。

大华钢铁公司
100345678911288
财务专用章
（公司盖章）
201×+1年2月20日

结论：

1. 信息证明无误

光彩矿石公司
310860092587331
财务专用章
（公司盖章）
201×+1年2月23日
经办人：孟欣

2. 信息不符，请列明不符的详细情况

（公司盖章）
年　月　日
经办人：

（三）“预付账款”审计业务相关资料

1. 预付账款账龄情况

山西大同矿预付账款的余额为14 700.00元，账龄为3年；鞍山矿预付账款的余额为116 550.00元，账龄为1年以内。

2. 预付账款函证情况

（1）预付账款发函记录

	山西大同煤矿公司		鞍山煤矿公司	
发函时间	第一次	第二次	第一次	第二次
	201×+1.2.22		201×+1.2.22	201×+1.2.25
发函人	陈思思		陈思思	

（2）预付账款询证函回函

企业询证函

编号：1

山西大同煤矿公司：

本公司聘请的东方会计师事务所正在对本公司201×年度财务报表进行审计，按照中国注册会计师审计准则的要求，应当询证本公司与贵公司的往来账项等事项。下列数据出自本公司账簿记录，如与贵公司记录相符，请在本函下端“信息证明无误”处签章证明；如有不符，请在“信息不符”处列明不符金额。回函请直接寄至东方会计师事务所。

回函地址：北京市东长安街156号经审大厦

邮编：100006　电话：010-67534886　传真：010-67534886　联系人：赵健

1. 本公司与贵公司的往来账项列示如下：

单位：元

截止日期	贵公司欠	欠贵公司	备注
201×年12月31日	14 700.00	0.00	

2. 其他事项：

本函仅为复核账目之用，并非催款结算。若款项在上述日期之后已经付清，仍请及时函复为盼，并注明付款的情况，以便查对。

（公司盖章）

201×+1年2月20日

结论：

1. 信息证明无误

（公司盖章）

年　月　日

经办人：

2. 信息不符，请列明不符的详细情况

截至201×年12月31日，我公司预收贵公司货款余额为零。我公司已于12月30日发货，价值50 000.00元。

（公司盖章）

201×+1年2月27日

经办人：周其

注：后经检查相关凭证（略），证明于12月31日收到价值50 000.00元的货物，但企业未作暂估入账处理。

● 二、购货与付款循环审计

(一)“固定资产”及“累计折旧”审计相关资料

固定资产明细表

时间：201×+1 年 1 月 20 日　　审计人员：刘力等 3 名注册会计师

使用部门	固定资产名称	计量单位	数量	金额（万元）	备注
炼铁车间	厂房	幢	1	500	
	1#高炉	个	1	890	
	2#高炉	个	1	527	
小计				1 917	
炼钢车间	厂房	幢	1	320	
	转炉	个	2	680	
	连铸机	台	2	820	
小计				1 820	
轧钢车间	厂房	幢	1	250	
	轧机	台	3	320	
	加热炉	个	1	580	
小计				1 150	
机修车间	厂房	幢	1	100	
	铸机	台	5	180	
	磨床	台	2	82.31	
小计				362.31	
供电车间	配电室设备	台	5	515	
	供电系统	台	2	230	
	仪表	个	10	45	
小计				790	
公司管理部门	办公楼	幢	1	625	
	办公用汽车	台	2	105.70	
	经营用车	台	8	319.89	
小计				1 050.59	
福利部门	医务所设备	台	4	80	
	食堂设备	台	10	60.50	
	电烤炉	台	1	6	盘盈
小计				146.50	
合计				7 236.40	

注：被审计单位固定资产明细账、总账、盘点记录相符。（明细账、盘点表略）

固定资产及累计折旧明细情况表

201×+1 年 1 月 20 日

固定资产名称	取得时间	使用年限	已计提累计折旧额	已计提减值准备
炼铁车间厂房	201×-3 年 5 月	12 年 7 个月	1 762 500.00	
1#高炉				
2#高炉				
炼钢车间厂房				
转炉				
连铸机	201×-10 年 12 月	10 年	7 790 000.00	520 000.00
轧钢车间厂房				
轧机				
加热炉				
机修车间厂房				
铸机				
磨床				
配电室设备				268 000.00
供电系统				350 000.00
仪表				
办公楼				
办公用汽车				
经营用车				
医务所设备				120 000.00
食堂设备				
电烤炉				
合　计			50 076 003.90	1 258 000.00

注：(1) 上述固定资产期末减值准备余额均为 201×-1 年末计提数。

(2) 固定资产的残值率均为 5%，该企业固定资产折旧采用直线法。

(3) 其他固定资产明细略，只需要测算炼铁车间厂房、连铸机本期计提折旧额的正确性。

提示：

炼铁车间厂房：本期应提折旧余额＝43×3.15＝135.45（万元）

本期应提折旧＝12×3.15＝37.80（万元）

本期已提折旧＝176.25-31×3.15＝78.60（万元）

本期多计提折旧＝78.60-37.80＝40.80（万元）

连铸机：本期应提折旧＝820-702（已提）-52（减值）-41（残值）＝25.00（万元）

本期已提折旧＝779-78×9＝77.00（万元）

本期多计提折旧＝77-25＝52.00（万元）

固定资产共多计提折旧＝40.80+52.00＝92.80（万元）

(二)“应付账款”审计相关资料

在存货盘点中，经进一步审查，发现一笔采购煤 20 吨的业务，发货单位抚顺矿，货已到达并验收入库，发票尚未到达，估计价款约 8 000.00 元，被审计单位未予暂估入账。

三、生产与存货循环审计

(一)“存货”审计相关资料

经与大华钢铁公司管理层沟通现制订下列存货监盘计划。

存货监盘计划（简化格式）

一、存货监盘的目标、范围及时间安排

存货监盘的目的是为了获取大华钢铁公司资产负债表日有关存货数量和存在状况的审计证据。监盘的范围为截至盘点日企业拥有的全部存货。具体监盘时间 201×+1 年 2 月 25 日。

二、存货的要点及关注的事项

由于企业的主要存货有：原材料、辅助材料、周转材料、库存商品及在产品，种类较多，盘点工作量大，请相关部门提前做好各项准备工作。

三、参与盘点人员的分工

此次盘点工作共组成五个小组，分别负责五类存货的盘点工作。每小组由一名注册会计师负责监盘。

四、检查存货的范围

根据监盘的结果，决定抽查其中的 20%，包括在公共仓库和外单位寄销的部分产成品。

存货盘点汇总表

201×+1 年 2 月 25 日

存货种类及名称	计量单位	实际结存	账面结存（自填）
库存商品			
高速线材 ¢6.5mm	吨	3 300	
普通线材 ¢8mm	吨	500	
螺纹钢 ¢12 mm	吨	5 102	
螺纹钢 ¢25mm	吨	400	
花纹板（委托加工）	吨	20	
自制半成品			
钢坯 95#	吨	100	
钢坯 120#	吨	80	
原材料			
锰铁 65#	吨	58	
石灰石	吨	1 000	

续表

存货种类及名称	计量单位	实际结存	账面结存（自填）
铁矿石	吨	497	
白云石	吨	10 000	
硅铁	吨	60	
重油	千克	100	
废钢	吨	500	
焦炭	吨	499.5	
煤	吨	0	
辅助材料			
镀锌铁丝 20#	千克	6 000	
镀锌铁丝 16#	千克	500	
机油	升	1 750	
中轧辊	吨	30	
周转材料			
工作服	套	294	
工作鞋	双	4	
手套	付	256	
保护眼镜	付	34	
毛巾	条	40	

根据盘点记录和注册会计师的监盘情况，决定抽查高速线材 ¢ 6.5mm、螺纹钢 ¢ 12mm、石灰石、镀锌铁丝 20#、工作服 5 种存货。

201×+1 年 1 月 1 日—2 月 25 日部分存货的收入、发出情况统计表

存货种类及名称	计量单位	收入数量	单价	日期及凭证编号	发出数量	单价	日期及凭证编号
高速线材 ¢ 6.5mm	吨	1 000	3 500.00	1 月 1 日 转 2	1 040	3 500.00	1 月 3 日 转 3
螺纹钢 ¢ 12 mm	吨	3 000	3 100.00	1 月 2 日 转 4	60	3 100.00	1 月 4 日 转 5
石灰石	吨	1 000	125.00	1 月 5 日 转 7			
镀锌铁丝 20#	吨	5 000	3.80	1 月 5 日 转 10			
工作服	套	200	200.00	2 月 20 日 转 5			

（二）计价测试

审计人员决定测试铁矿石、煤、锰铁、重油、普通线材、95#钢坯的计价。

四、货币资金审计

（一）“库存现金”审计相关资料

1. 库存现金盘点情况

盘点时间：201×+1 年 2 月 23 日下午 5 点

参加人员：财务部负责人石骏，出纳员林立；注册会计师陈思思

复　　核：刘力

盘点结果：库存实存 55 672.29 元；其中：100 元 420 张，50 元 180 张，10 元 450 张，5 元 31 张，1 元 17 张（枚），5 分 5 枚，1 分 4 枚

2. 库存现金收支及账面余额情况

2 月 23 日库存现金账面余额 58 990 元。盘点日未入账的支出凭证 3 张，金额为 6 000 元，其中：一张借据 2 500 元，没有经相关人员批准；2 张付款凭单金额为 3 500 元。盘点日未入账的收入凭证 2 张，金额为 2 682.29 元，其中：一张现金收据面额 1 805.36 元，另有金额为 876.93 元附有出纳员签字的字条，出纳员说属于长款。

经核实该公司的库存限额：50 000 元

据账面记录：201×+1 年 1 月 1 日—2 月 23 日收入库存现金 115 735.30 元

201×+1 年 1 月 1 日—2 月 23 日支出库存现金 72 895.30 元

（二）“银行存款”审计相关资料

1. 函证银行存款

银行询证函

编号：1

中国工商银行滨湖支行：

本公司聘请的东方会计师事务所正在对本公司 201×年度财务报表进行审计，按照中国注册会计师审计准则的要求，应当询证本公司与贵行的存款、借款往来等事项。下列数据出自本公司账簿记录，如与贵行记录相符，请在本函下端“信息证明无误”处签章证明；如有不符，请在“信息不符”处列明不符项目。如存在与本公司有关的未列入本函的其他项目，请在“数据不符”处列出这些项目的金额及详细资料。有关询证费用可直接从本公司××存款账户中收取。回函请直接寄至东方会计师事务所。

回函地址：北京市东长安街 156 号经审大厦

邮编：100006　电话：010-67534886　传真：010-67534886　联系人：赵健

截至 201×年 12 月 31 日，本公司银行存款、借款账户余额等列示如下：

1. 银行存款

账户名称	银行账号	币种	利率	余额	起止日期	是否被抵押或质押或其他限制	备注
大华钢铁公司	0001-84497877	人民币		7 356 746.73	活期	否	基本账户

除以上所述，本公司并无其他在贵行的存款。

2. 银行借款

账户名称	币种	本金	利息	借款日期	还款日期	利率	其他借款条件	抵（质）押品/担保人	备注
大华钢铁公司	人民币	5 350 000.00	26 750.00	201×.9.1	201×+1.2.1	6%	信用借款	无	月付息
大华钢铁公司	人民币	3 956 000.00	49 990.00	201×-2.7.1	201×+3.7.1	1.5164%	信用借款	无	月付息
大华钢铁公司	人民币	3 000 000.00	12 500.00	201×.12.1	201×+2.12.1	5%	信用借款	无	月付息

除以上所述，本公司并无其他自贵行的银行借款。

3. 截至函证日的一个年度内已注销的账户

账户名称	银行账号	币种	注销账户日

除以上所述，本公司并无其他截至函证日的一个年度内已注销的账户。

大华钢铁公司 100345678911288 财务专用章

（公司盖章）

201×+1 年 2 月 20 日

结论：

1. 信息证明无误

（银行盖章）

年 月 日

经办人：

2. 信息不符，请列明不符项目及具体内容（其他未在本函列出的项目，请列出金额及详细资料）

截至 201×年 12 月 31 日，贵公司在我行的银行存款余额为 7 367 099.83 元

截至 201×年 12 月 31 日，贵公司在我行的银行借款余额为 12 306 000.00 元

中国工商银行洪湖支行

（银行盖章）

201×+1 年 2 月 24 日

经办人：李丽

2. 银行存款余额调节

本公司不定期与银行对账。注册会计师抽查了 12 月 1—5 日和最后一张银行对账单及银行存款余额调节表。

中国工商银行（　）对账单

账号：***0001-84497877*** 单位名称：大华钢铁公司 币种：人民币

201×年	凭证种类	凭证号	发生额		余额	记账员
日期			借方	贷方		
1220	付字	略		833 976.00	6 721 903.13	0023
1221	收字		24 150.00		6 697 753.13	0023
1224	收字		50 000.00		6 647 753.13	0023
1226	收字		46 800.00		6 600 953.13	0023
1227	收字		129 920.00		6 471 033.13	0023
1227	收字		22 086.40		6 448 946.73	0023
1228	付字			1 353 000.00	7 801 946.73	0023
1228	收字		445 200.00		7 356 746.73	0023

五、出具审计报告

经与管理层沟通，大华钢铁公司同意接受审计调整。东方会计师事务所，根据上述审计结果，经审计项目组讨论，确定审计意见类型，并出具审计报告。

审计报告参考格式如下：

审 计 报 告

××股份有限公司全体股东：

一、对财务报表审计的报告

（一）审计意见

我们审计了××股份有限公司（以下简称××公司）财务报表，包括 201×年 12 月 31 日的资产负债表 201×年度的利润表、现金流量 、所有者权益变动表以及财务报表附注。

我们认为后附的财务报表在所有重大方面按照企业会计准则的规定编制公允反映了公司 201×年 12 月 31 日的财务状况以及 201×年度的经营成果和现金流量。

（二）形成审计意见的基础

我们按照中国注册会计师审计准则的规定执行了审计工作。审计报告的注册会计师对财务报表审计的责任部分进一步阐述了我们在这些准则下的责任。按照中国注册会计师职业道德守则我们独立于公司并履行了职业道德方面的其他责任。我们相信 ，我们获取的审计证据是充分、适当的 ，为发表审计意见提供了基础。

（三）关键审计事项

关键审计事项是根据我们的职业判断，认为对本期财务报表审计最为重要的事项。这些事项是在对财务报表整体进行审计并形成意见的背景下进行处理的，我们不对这些事项提供单独的意见。

[按照《中国注册会计师审计准则第 1504 号——在审计报告中沟通关键审计事项》的规定描述每一关键审计事项。]

（四）管理层和治理层对财务报表的责任

管理层负责按照企业会计准则的规定编制财务报表，使其实现公允反映，并设计、执行和维护必要的内部控制，以使财务报表不存在由于舞弊或错误导致的重大错报。

在编制财务报表时，管理层负责评估公司的持续经营能力，披露与持续经营相关的事项（如适用），并运用持续经营假设，除非管理层计划清算公司、停止营运或别无其他现实的选择。

治理层负责监督公司的财务报告过程。

（五）注册会计师对财务报表审计的责任

我们的目标是对财务报表整体是否不存在由于舞弊或错误导致的重大错报获取合理保证，并出具包含审计意见的审计报告。合理保证是高水平的保证，但并不能保证按照审计准则执行的审计在某一重大错报存在时总能发现。错报可能由舞弊或错误所导致，如果合理预 期错报单独或汇总起来可能影响财务报表使用者依据财务报表作出的经济决策，则错报是重大的。

在按照审计准则执行审计的过程中，我们运用了职业判断，保持了职业怀疑。我们同时

（1）识别和评估由于舞弊或错误导致的财务报表重大错报风险；对这些风险有针对性地设计和实施审计程序；获取充分、适当的审计证据，作为发表审计意见的基础。由于舞弊可能涉及串通、伪造、故意遗漏、虚假陈述或凌驾于内部控制之上，未能发现由于舞弊导致的重大错报的风险高于未能发现由于错误导致的重大错报的风险。

（2）了解与审计相关的内部控制，以设计恰当的审计程序，但目的并非对内部控制的有效性发表意见。

（3）评价管理层选用会计政策的恰当性和作出会计估计及相关披露的合理性。

对管理层使用持续经营假设的恰当性得出结论。同时，基于所获取的审计证据，对是否存在与事项或情况相关的重大不确定性，从而可能导致对公司的持续经营能力产生重大疑虑得出结论。如果我们得出结论认为存在重大不确定性，审计准则要求我们在审计报告中提请报告使用者注意财务报表中的相关披露；如果披露不充分，我们应当发表非无保留意见。我们的结论基于审计报告日可获得的信息。然而，未来的事项或情况可能导致公司不能持续经营。

（5）评价财务报表的总体列报、结构和内容（包括披露），并评价务报表是否公允反映交易和事项。

除其他事项外，我们与治理层就计划的审计范围、时间安排和重大审计发现（包括我们在审计识别的值得关注的内部控制缺陷）进行沟通。

我们还就遵守关于独立性的相关职业道德要求向治理层提供声明，并就可能被合理认为影响我们独立性的所有关系和其他事项，以及相关的防范措施（如适用）与治理层进行沟通。

从与治理层沟通的事项中，我们确定哪些事项对当期财务报表审计最为重要，因而构成关键审计事项。我们在审计报告中描述这些事项，除非法律法规不允许公开披露这些事项，或在极其罕见的情形下，

如果合理预期在审计报告中沟通某事项造成的负面后果超过产生的公众利益方面的益处，我们确定不应在审计报告中沟通该事项。

二、对其他法律和监管要求的报告

[本部分的格式和内容，取决于法律法规对其他报告责任的性质的规定。法律法规规范的事项（其他报告责任）应当在本部分处理，除非那些其他报告责任与审计准则所要求的报告责任涉及相同的主题。如果涉及相同的主题，其他报告责任可以在审计准则所要求的同 一报告要素部分中列示。当其他报告责任和审计准则规定的报告责任涉及同一主题，并且审计报告中的措辞能够将其他报告责任与审计准则规定的责任予以清楚地区分（如差异存在）时，允许将两者合并列示（即包含在对财务报表审计的报告部分中，并使用适当的副标题）。]

负责审计并出具审计报告的项目合伙人是[姓名]。

××会计师事务所
（盖章）

中国注册会计师：×××
（签名并盖章）
中国注册会计师：×××
（签名并盖章）

中国××市

二〇一×年××月××日

第三单元

可选用的审计工作底稿

一、销售与收款循环主要项目审计工作底稿

（一）“营业收入”审计工作底稿

1. 营业收入审定表（H011）
2. 主营业务收入明细表（H012）
3. 月度毛利率分析表（H015）
4. 营业收入真实性检查情况表（H016）
5. 营业收入完整性检查情况表（H017）
6. 主营业务收入截止测试表（H0181）

（二）“应收账款”审计工作底稿

1. 应收账款审定表（E041）
2. 应收账款明细表（E042）
3. 应收账款函证结果汇总表（E043）
4. 应收账款函证结果调节表（E045）
5. 应收账款替代测试表（E046）
6. 应收账款坏账准备计算表（E047）

（三）“应交税费”审计工作底稿

1. 应交税费审定表（F071）
2. 应交税费明细表（F072）
3. 应交增值税明细表（F073）
4. 应交增值税销项税额测算表（F074）
5. 应交所得税测算表（F075）

二、购货与付款循环主要项目审计工作底稿

（一）“固定资产”及“累计折旧”审计工作底稿

1. 固定资产审定表（E151）
2. 固定资产、累计折旧及减值准备明细表（E152）

3. 固定资产盘点检查情况表（E153）
4. 固定资产增加检查表（E154）
5. 固定资产减少检查表（E155）
6. 折旧计算检查表（E157）

（二）“应付账款”审计工作底稿

1. 应付账款审定表（F041）
2. 应付账款明细表（F042）
3. 未入账应付账款汇总表（F047）

（三）“预付账款”审计工作底稿

1. 预付账款审定表（E051）
2. 预付账款明细表（E052）
3. 预付账款函证结果汇总表（E054）
4. 预付账款替代测试表（E056）

三、生产与存货循环主要项目审计工作底稿

（一）“存货”审计工作底稿

1. 存货审定表（E091）
2. 存货明细表（E093）
3. 存货入库截止测试表（E0941）
4. 存货出库截止测试表（E0942）
5. 存货监盘结果汇总表（E0952）
6. 存货明细账与盘点报告（记录）核对表（E0953）
7. 存货抽盘核对表（E0954）
8. 存货计价测试表（E0971）

（二）“生产成本”审计工作底稿

1. 生产成本检查表（E099）
2. 直接材料成本检查情况表（E0991）
3. 直接人工成本检查情况表（E0992）
4. 制造费用明细表（E0993）
5. 制造费用检查情况表（E0994）

四、货币资金主要项目审计工作底稿

1. 货币资金审定表（E011）
2. 库存现金监盘表（E012）
3. 对银行存款余额调节表的检查（E015）
4. 银行存款函证结果汇总表（E016）
5. 货币资金收支检查情况表（E018）

五、审计完成阶段审计工作底稿

1. 账项调整分录汇总表（A3）
2. 重分类调整分录汇总表（A4）
3. 列报调整汇总表（A5）
4. 资产负债表试算平衡表（A7）
5. 利润表试算平衡表（A8）

营业收入审定表

被审计单位：	索引号：H011
项目：营业收入审定表	财务报表截止日/期间：
编制：	复核：
日期：	日期：

项目类别	本期未审数	账项调整		本期审定数	上期审定数	索引号
		借方	贷方			
一、主营业务收入						
小　计						
二、其他业务收入						
小　计						
营业收入合计						

审计结论：

主营业务收入明细表

被审计单位：________　　索引号：H012

项目：主营业务收入明细表　　财务报表截止日/期间：________

编制：________　　复核：________

日期：________　　日期：________

月份	主营业务收入明细项目											
	合计											
1月												
2月												
3月												
4月												
5月												
6月												
7月												
8月												
9月												
10月												
11月												
12月												
合计												
上期数												
变动额												
变动比例												

审计说明：

月度毛利率分析表

被审计单位：	索引号：H015
项目：月度毛利率分析表	财务报表截止日/期间：
编制：	复核：
日期：	日期：

月份	本期数				上期数				变动幅度
	主营业务收入	主营业务成本	毛利	毛利率	主营业务收入	主营业务成本	毛利	毛利率	
1									
2									
3									
4									
5									
6									
7									
8									
9									
10									
11									
12									
合计									

审计说明：

营业收入真实性检查情况表

被审计单位：________ 索引号：H016

项目：营业收入真实性检查情况表 财务报表截止日/期间：________

编制：________ 复核：________

日期：________ 日期：________

日期	凭证编号	单位名称	核对明细账				核对发货单			核对合同			核对发货票		对应科目	索引号	备注
			品名	数量	单价	金额	①	②	③	④	⑤	⑥	⑦	⑧			

1. 核对内容说明：(核对内容用“√”、“×”表示，不适用标 N/A)

①核对发货单品名一致 ④核对合同品名一致 ⑦正确过入明细账

②核对发货单规格一致 ⑤核对合同规格一致 ⑧……

③核对发货单数量一致 ⑥核对合同单价一致

2. 抽查样本量金额： 收入总额： 抽查比例：

审计说明：

营业收入完整性检查情况表

被审计单位：

项目：营业收入完整性检查情况表

编制：

日期：

索引号：H017

财务报表截止日/期间：

复核：

日期：

序号	摘要	单位名称	发货单				核对发票			核对合同			核对明细账		对应科目	金额	索引号
			出库日期	品名	规格	数量	①	②	③	④	⑤	⑥	⑦	⑧			

1. 核对内容说明：(核对内容用“√”、“×”表示，不适用标 N/A)

①核对发票品名一致　　④核对合同品名一致　　⑦正确过入明细账

②核对发票规格一致　　⑤核对合同规格一致　　⑧……

③核对发票数量一致　　⑥核对合同单价与发票单价一致

2. 抽查样本量金额：　　收入总额：　　抽查比例：

审计说明：

主营业务收入截止测试

被审计单位：__________　　　　索引号：　H018

项目：主营业务收入截止测试　　　财务报表截止日/期间：__________

编制：__________　　　　　　　　复核：__________

日期：__________　　　　　　　　日期：__________

编号	发货单		发票内容					明细账				是否跨期(用“√”、“×”表示)
	日期	号码	日期	客户名称	货物名称	销售额	税额	日期	凭证号	主营业务收入	应交税费	
截止日前 截止日期:20××年×月×日 截止日后												

注：从发货单到明细账。

审计说明：

应收账款审定表

被审计单位：	索引号：E041
项目：应收账款审定表	财务报表截止日/期间：
编制：	复核：
日期：	日期：

项目名称	期末未审数	账项调整		重分类调整		期末审定数	上期末审定数	索引号
		借方	贷方	借方	贷方			
一、账面余额合计								
1 年以内								
1 年至 2 年								
2 年至 3 年								
3 年以上								
……								
二、坏账准备								
1 年以内								
1 年至 2 年								
2 年至 3 年								
3 年以上								
……								
三、账面价值合计								
1 年以内								
1 年至 2 年								
2 年至 3 年								
3 年以上								
……								

审计结论：

应收账款明细表

被审计单位：

项目：应收账款明细表

编制：

日期：

索引号：E042

财务报表截止日/期间：

复核：

日期：

项目名称	期末未审数					账项调整		重分类调整		期末审定数				
	合计	1年以内	1年至2年	2年至3年	3年以上	借方	贷方	借方	贷方	合计	1年以内	1年至2年	2年至3年	3年以上
一、关联方														
二、非关联方														
合　计														

编制说明：外币应收账款应列明原币金额及折算汇率。

审计说明：

应收账款函证结果汇总表

被审计单位：	索引号：E043
项目：应收账款函证结果汇总表	财务报表截止日/期间：
编制：	复核：
日期：	日期：

一、应收账款函证情况列表

项目 单位名称	询证函编号	函证方式	函证日期		回函日期	账面金额	回函金额	经调节后是否存在差异	调节表索引号
			第一次	第二次					

二、对误差的分析

项目	金额
1. 已识别的误差	
2. 推断出的总体误差（扣除已识别的误差）	

审计说明：

应收账款函证结果调节表

被审计单位：________	索引号：E045
项目：应收账款函证结果调节表	财务报表截止日：________
编制：________	复核：________
日期：________	日期：________

被询证单位：________

回函日期：________

1. 被询证单位回函余额：________
2. 减：被询证单位已记录项目

序号	日期	摘要（运输途中、存在争议的项目等）	凭证号	金额
1				
2				
3				
4				
合计				

3. 加：被审计单位已记录项目

序号	日期	摘要（运输途中、存在争议的项目等）	凭证号	金额
1				
2				
3				
……				
合计				

4. 调节后金额________
5. 被审计单位账面余额________
6. 调节后是否存在差异，差异金额______

审计说明：

应收账款替代测试表

被审计单位：________________　　索引号：　　E046
项目：　　应收账款替代测试表　　财务报表截止日/期间：________________
编制：________________　　复核：________________
日期：________________　　日期：________________

一、期初余额							
二、借方发生额							
入账金额				检查内容（用"√"、"×"表示）			
序号	日期	凭证号	金额	①	②	③	……
1							
2							
3							
4							
全年借方发生额合计							
测试金额占全年借方发生额的比例							
三、贷方发生额							
入账金额				检查内容（用"√"、"×"表示）			
序号	日期	凭证号	金额	①	②	③	……
1							
2							
3							
……							
小计							
全年贷方发生额合计							
测试金额占全年贷方发生额的比例							
四、期末余额							
五、期后收款检查							
检查内容说明：①原始凭证是否齐全；②记账凭证与原始凭证是否相符；③账务处理是否正确；④是否记录于恰当的会计期间；⑤……							

审计说明：

应收账款坏账准备计算表

被审计单位：	索引号：E047
项目：应收账款坏账准备计算表	财务报表截止日/期间：
编制：	复核：
日期：	日期：

计算过程					索引号
一、坏账准备本期期末应有金额①=②+③					
1. 期末单项金额重大且有客观证据表明发生了减值的应收账款对应坏账准备的应有余额					
单位名称		金额			
单位甲					
单位乙					
……					
合计②					
2. 期末单项金额非重大以及经单独测试后未减值的单项金额重大的应收账款对应坏账准备的应有余额					
项目	账龄	应收账款余额	坏账准备计提比例	坏账准备应有余额	
应收账款	1 年以内（含 1 年）				
	1—2 年（含 2 年）				
	2—3 年（含 3 年）				
	3 年以上				
	合计③				
二、坏账准备上期审定数④					
三、本期转出（核销）的金额					
单位名称		金额			
单位丙					
单位丁					
……					
合计⑤					
四、计算坏账准备本期全部应计提金额					
⑥=①-④+⑤					

审计说明：

应交税费审定表

被审计单位：

项目：应交税费审定表

编制：

日期：

索引号：F071

财务报表截止日/期间：

复核：

日期：

项目名称	期末未审数	账项调整		重分类调整		期末审定数	上期末审定数	索引号
		借方	贷方	借方	贷方			
1. 企业所得税								
2. 增值税								
3. 消费税								
4. 资源税								
5. 土地增值税								
6. 土地使用税								
7. 房产税								
8. 车船税								
9. 城市维护建设税								
10. 教育费附加								
11. 矿产资源补偿费								
12. 代扣代缴个人所得税								
……								
合计								

审计结论：

应交税费明细表

被审计单位：______ 索引号： F072

项目： 应交税费明细表 财务报表截止日/期间：______

编制：______ 复核：______

日期：______ 日期：______

项目名称	期初余额	期末余额
一、未交税费		
1. 企业所得税		
2. 增值税		
3. 消费税		
4. 资源税		
5. 土地增值税		
6. 土地使用税		
7. 房产税		
8. 车船税		
9. 城市维护建设税		
10. 教育费附加		
11. 矿产资源补偿费		
……		
合 计		
二、代扣代缴税费		
1. 个人所得税		
……		
合 计		

审计说明：

应交增值税明细表

被审计单位：	索引号：F073
项目：应交增值税明细表	财务报表截止日/期间：
编制：	复核：
日期：	日期：

项目	本年数	备注
一、应交增值税		
1. 年初未抵扣数（用“-”反映）		
2. 销项税额		
出口退税		
进项税额转出		
转出多交增值税		
3. 进项税额		
已交税金		
减免税款		
出口抵减内销产品应纳税额		
转出未交增值税		
4. 期末未抵扣数（多交数用“-”反映）		
二、未交增值税		
1. 年初未交数（多交数用“-”反映）		
2. 本期转入数（多交数用“-”反映）		
3. 本期已交数		
4. 期末未交数（多交数用“-”反映）		

审计说明：

应交增值税销项税额测算表

被审计单位：

项目：应交增值税销项税额测算表

编制：

日期：

索引号：F074

财务报表截止日/期间：

复核：

日期：

<table>
<tr><th>项目</th><th>销售品种</th><th>收入</th><th>税率</th><th>应交增值税-销项税额</th></tr>
<tr><td colspan="5">一、测算数</td></tr>
<tr><td rowspan="6">1. 主营业务收入</td><td></td><td></td><td>17%</td><td></td></tr>
<tr><td></td><td></td><td></td><td></td></tr>
<tr><td></td><td></td><td></td><td></td></tr>
<tr><td></td><td></td><td></td><td></td></tr>
<tr><td></td><td></td><td></td><td></td></tr>
<tr><td colspan="3">小计</td><td></td></tr>
<tr><td rowspan="3">2. 其他业务收入</td><td></td><td></td><td rowspan="2">17%</td><td></td></tr>
<tr><td></td><td></td><td></td></tr>
<tr><td colspan="3">小计</td><td></td></tr>
<tr><td rowspan="3">3. 其他</td><td>固定资产中的游艇、摩托车</td><td></td><td>4% 再减半</td><td></td></tr>
<tr><td></td><td></td><td></td><td></td></tr>
<tr><td colspan="3">小计</td><td></td></tr>
<tr><td>4. 减：免税收入</td><td></td><td></td><td></td><td></td></tr>
<tr><td colspan="4">合计</td><td></td></tr>
<tr><td colspan="4">二、未审数</td><td></td></tr>
<tr><td colspan="4">三、差异额</td><td></td></tr>
<tr><td colspan="4">四、差异率</td><td></td></tr>
<tr><td colspan="5">差异分析：</td></tr>
</table>

审计说明：

应交所得税测算表

被审计单位：	索引号：F075
项目：应交所得税测算表	财务报表截止日/期间：
编制：	复核：
日期：	日期：

内容	行次	金额	索引号	备注
一、审计前利润总额	(1)			
加：审计调整因素	(2)			
1.	(3)			
2.	(4)			
3.	(5)			
4.	(6)			
5.	(7)			
6.	(8)			
7.	(9)			
8.	(10)			
9. 其他	(11)			
小 计	(12)	—		
二、审计后利润总额	(13) = (1) + (12)	—		
加：纳税调整增加额	(14)			
减：纳税调整减少额	(15)			
三、纳税调整后所得	(16) = (13) + (14) - (15)	—		
减：弥补以前年度亏损	(17)			
减：免税所得	(18)			
加：应补税投资收益已缴所得税额	(19)			
减：允许扣除的公益救济性捐赠额	(20)			
减：加计扣除额	(21)			
四、应纳税所得额	(22) = (16) - (17) - (18) + (19) - (20) - (21)	—		
适用税率	(23)			
五、境内所得应纳所得税额	(24) = (22) × (23)	—		
减：境内投资所得抵免税额	(25)			
加：境外所得应纳所得税额	(26)			
减：境外所得抵免税额	(27)			
六、境内、外所得应纳所得税额	(28) = (24) - (25) + (26) - (27)	—		
减：减免所得税额	(29)			
七、实际应纳所得税额	(30) = (28) - (29)	—		

审计说明：

固定资产审定表

被审计单位：________________　　索引号：　　E151

项目：　　固定资产审定表　　财务报表截止日/期间：________________

编制：________________　　复核：________________

日期：________________　　日期：________________

项目名称	期末未审数	账项调整		重分类调整		期末审定数
		借方	贷方	借方	贷方	
一、固定资产原价合计						
其中：房屋、建筑物						
机器设备						
运输工具						
二、累计折旧合计						
其中：房屋、建筑物						
机器设备						
运输工具						
三、固定资产减值准备合计						
其中：房屋、建筑物						
机器设备						
运输工具						
四、账面价值合计						
其中：房屋、建筑物						
机器设备						
运输工具						

审计结论：

固定资产、累计折旧及减值准备明细表

被审计单位：________________　　索引号：E152

项目：固定资产、累计折旧及减值准备明细表　　财务报表截止日/期间：________________

编制：________________　　复核：________________

日期：________________　　日期：________________

项目名称	期初余额	本期增加	本期减少	期末余额	备注
一、原价合计					
其中：房屋、建筑物					
机器设备					
运输工具					
二、累计折旧合计					
其中：房屋、建筑物					
机器设备					
运输工具					
三、固定资产减值准备合计					
其中：房屋、建筑物					
机器设备					
运输工具					
四、固定资产账面价值合计					
其中：房屋、建筑物					
机器设备					
运输工具					

编制说明：备注栏可填列固定资产的使用年限、剩余使用年限、残值率和年折旧率等情况。

审计说明：

固定资产盘点检查情况表

被审计单位：　　　　　　　　　　　　索引号：E153

项目：固定资产盘点检查情况表　　　　财务报表截止日/期间：

编制：　　　　　　　　　　　　　　　复核：

日期：　　　　　　　　　　　　　　　日期：

序号	名称	规格型号	计量单位	单价	账面结存		被审计单位盘点			实际检查			备注
					数量	金额	数量	金额	盘亏（+、-）	数量	金额	盘亏（+、-）	

检查时间：　　　　检查地点：　　　　检查人：　　　　盘点检查比例：

审计说明：

固定资产增加检查表

被审计单位：	索引号：E154
项目：固定资产增加检查表	财务报表截止日/期间：
编制：	复核：
日期：	日期：

固定资产名称	取得日期	取得方式	固定资产类别	增加情况		凭证号	核对内容（用"√"、"×"表示）							
				数量	原价		1	2	3	4	5	6	7	8

核对内容说明：1. 与发票是否一致；2. 与付款单据是否一致；3. 与购买/建造合同是否一致；4. 与验收报告或评估报告等是否一致；5. 审批手续是否齐全；6. 与在建工程转出数是否一致；7. 会计处理是否正确（入账日期和入账金额）；8. ……

审计说明：

固定资产减少检查表

被审计单位：

项目：固定资产减少检查表

编制：

日期：

索引号：E155

财务报表截止日/期间：

复核：

日期：

固定资产名称	取得日期	处置方式	处置日期	固定资产原价	累计折旧	减值准备	账面价值	处置收入	净损益索引号	核对内容（用“√”、“×”表示）				
										1	2	3	4	5

核对内容说明：1. 与收款单据是否一致；2. 与合同是否一致；3. 审批手续是否完整；4. 会计处理是否正确；5. ……

审计说明：

折旧计算检查表

被审计单位：	索引号：E157
项目：折旧计算检查表	财务报表截止日/期间：
编制：	复核：
日期：	日期：

固定资产名称	取得时间	使用年限	固定资产原值	残值率	累计折旧期初余额	减值准备期初余额	本期应提折旧	本期已提折旧	差异

审计说明：

应付账款审定表

被审计单位：________ 索引号：F041

项目：应付账款审定表 财务报表截止日/期间：________

编制：________ 复核：________

日期：________ 日期：________

项目名称	期末未审数	账项调整		重分类调整		期末审定数	上期末审定数	索引号
		借方	贷方	借方	贷方			
一、关联方								
小计								
二、非关联方								
小计								
合计								

审计结论：

应付账款明细表

被审计单位：________________ 索引号：F042

项目：应付账款明细表 财务报表截止日/期间：________________

编制：________________ 复核：________________

日期：________________ 日期：________________

单位名称	借方余额			贷方余额			合计			备注
	原币	汇率	折合本位币	原币	汇率	折合本位币	原币	汇率	折合本位币	
一、关联方										
小计										
二、非关联方										
小计										
合计										

审计说明：

未入账应付账款汇总表

被审计单位：＿＿＿＿＿＿＿＿
项目：未入账应付账款汇总表
编制：＿＿＿＿＿＿＿＿
日期：＿＿＿＿＿＿＿＿

索引号：F047
财务报表截止日/期间：＿＿＿＿＿＿＿＿
复核：＿＿＿＿＿＿＿＿
日期：＿＿＿＿＿＿＿＿

应付账款单位	业务内容	应付金额	未付及未入账原因

编制说明：本表用来汇总实施审计程序后发现的未入账的应付账款。

审计说明：

预付账款审定表

被审计单位：	索引号：E051
项目：预付账款审定表	财务报表截止日/期间：
编制：	复核：
日期：	日期：

项目名称	期末未审数	账项调整		重分类调整		期末审定数	上期末审定数	索引号
		借方	贷方	借方	贷方			
一、账面余额合计								
1 年以内								
1 年至 2 年								
2 年至 3 年								
3 年以上								
……								
二、坏账准备合计								
1 年以内								
1 年至 2 年								
2 年至 3 年								
3 年以上								
……								
三、账面价值合计								
1 年以内								
1 年至 2 年								
2 年至 3 年								
3 年以上								
……								

审计结论：

预付账款明细表

被审计单位：	索引号：E052
项目：预付账款明细表	财务报表截止日/期间：
编制：	复核：
日期：	日期：

项目名称	期末未审数					账项调整		重分类调整		期末审定数				
	合计	1年以内	1年至2年	2年至3年	3年以上	借方	贷方	借方	贷方	合计	1年以内	1年至2年	2年至3年	3年以上
一、关联方														
二、非关联方														
合计														

编制说明：外币预付款项应列明原币金额及折合汇率。

审计说明：

预付账款函证结果汇总表

被审计单位：	索引号：E054
项目：预付账款函证结果汇总表	财务报表截止日/期间：
编制：	复核：
日期：	日期：

发函询证纪要		是否回函	收到回函				未收到回函		审计结论
样本特征	单位名称		可以确认		难以确认		执行替代程序	未核实金额	
			回函直接确认	调节后可确认	争议未决金额	其他			
样本合计									
全年余额									
样本抽取占全年比例									

选取样本特征：A. 大额　B. 异常　C. 账龄长　D. 零账户　E. 随机

审计结论：

预付账款替代测试表

被审计单位：	索引号：E056
项目：预付账款替代测试表	财务报表截止日/期间：
编制：	复核：
日期：	日期：

一、期初余额							
二、借方发生额							
入账金额				检查内容（用"√"、"×"表示）			
序号	日期	凭证号	金额	①	②	③	……
1							
2							
3							
小计							
全年借方发生额合计							
测试金额占全年借方发生额的比例							
三、贷方发生额							
入账金额				检查内容（用"√"、"×"表示）			
序号	日期	凭证号	金额	①	②	③	……
1							
2							
3							
……							
小计							
全年贷方发生额合计							
测试金额占全年贷方发生额的比例							
四、期末余额							
五、期后收款检查							
检查内容说明：①原始凭证是否齐全；②记账凭证是否相符；③账务处理是否正确；④是否记录恰当的会计期间；⑤……							

审计说明：

存货审定表

被审计单位：
项目：存货审定表
编制：
日期：

索引号：E091
财务报表截止日/期间：
复核：
日期：

存货项目	期末未审数	账项调整		重分类调整		期末审定数	上期末审定数	索引号
		借方	贷方	借方	贷方			
一、存货账面余额								
原材料								
材料采购								
在途物资								
周转材料								
低值易耗品								
包装物								
库存商品								
在产品								
劳务成本								
委托加工物资								
发出商品								
……								
合计								
二、存货跌价准备								
原材料								
材料采购								
在途物资								
周转材料								
低值易耗品								
包装物								
库存商品								
在产品								
劳务成本								
委托加工物资								
发出商品								
……								

续表

存货项目	期末未审数	账项调整		重分类调整		期末审定数	上期末审定数	索引号
		借方	贷方	借方	贷方			
合计								
三、存货账面价值								
原材料								
材料采购								
在途物资								
周转材料								
低值易耗品								
包装物								
库存商品								
在产品								
劳务成本								
委托加工物资								
发出商品								
……								
合计								

审计结论：

存货明细表

被审计单位：

项目：存货明细表

编制：

日期：

索引号：E093

财务报表截止日/期间：

复核：

日期：

类别	名称及规格	计量单位	数量	单价	金额	备注

编制说明：本表适用于材料采购、在途物资、原材料、库存商品、发出商品、委托加工物资、周转材料等。

审计说明：

存货入库截止测试表

被审计单位：　　　　　　　　　　　　索引号：E0941
项目：存货入库截止测试表　　　　　　财务报表截止日/期间：
编制：　　　　　　　　　　　　　　　复核：
日期：　　　　　　　　　　　　　　　日期：

一、从存货明细账的借方发生额中抽取样本与入库记录核对，以确定存货入库被记录在正确的会计期间

序号	摘要	明细账凭证			入库单（或购货发票）			是否跨期
		编号	日期	金额	编号	日期	金额	
截止日前 截止日期：20××年×月×日 截止日后								

二、从存货入库记录中抽取样本与明细账的借方发生额核对，以确定存货入库被记录在正确的会计期间

序号	摘要	入库单（或购货发票）			明细账凭证			是否跨期
		编号	日期	金额	编号	日期	金额	
截止日前 截止日期：20××年×月×日 截止日后								

编制说明：本表适用于材料采购/在途物资、原材料、在产品、库存商品等。

审计说明：

存货出库截止测试表

被审计单位：	索引号：E0942
项目：存货出库截止测试表	财务报表截止日/期间：
编制：	复核：
日期：	日期：

一、从存货明细账的贷方发生额中抽取样本与出库记录核对，以确定存货出库被记录在正确的会计期间

序号	摘要	明细账凭证			出库单（或销售发票）			是否跨期
		编号	日期	金额	编号	日期	金额	
截止日前 截止日期：20××年×月×日 截止日后								

二、从存货出库记录中抽取样本与明细账的贷方发生额核对，以确定存货出库被记录在正确的会计期间

序号	摘要	出库单（或销售发票）			明细账凭证			是否跨期
		编号	日期	金额	编号	日期	金额	
截止日前 截止日期：20××年×月×日 截止日后								

编制说明：本表适用于材料采购/在途物资、原材料、在产品、库存商品等。

审计说明：

存货监盘结果汇总表

被审计单位：	索引号：E0952
项目：存货监盘结果汇总表	财务报表截止日/期间：
编制：	复核：
日期：	日期：

存货类别	存货名称	单位	监盘数量	未经确认盘点报告数量	差异数量	差异原因	索引号	审计确认盘点报告数量
监盘人员签名								

编制说明：本表适用于监盘日（盘点日）为财务报表截止日的情况。

审计说明：

存货明细账与盘点报告（记录）核对表

被审计单位：________　　索引号：E0953

项目：存货明细账与盘点报告（记录）核对表　　财务报表截止日/期间：________

编制：________　　复核：________

日期：________　　日期：________

一、从明细账中选取具有代表性的样本将明细账上的存货数量与经确认盘点报告的数量核对

序号	地点	样本描述		期末存货明细账记录			获取的存货清单	索引号	经确认的期末存货盘点表	数量差异	差异分析及处理
		存货类别	存货型号	单价	数量	金额	数量		数量		
					①		②		③	④=①-② 或②-③	

二、从经确认的盘点报告中抽取有代表性的样本将盘点报告的数量与存货明细账核对

序号	地点	样本描述		索引号	经确认的期末存货盘点表	期末存货明细账记录			被审计单位提供的存货清单的数量	数量差异	差异分析及处理
		存货类别	存货型号		数量	单价	数量	金额			
					①		②		③	④=①-② 或①-③	

编制说明：本表适用于监盘日（盘点日）为财务报表截止日的情况。

审计说明：

存货抽盘核对表

被审计单位：	索引号：E0954
项目：存货抽盘核对表	财务报表截止日/期间：
编制：	复核：
日期：	日期：

一、资产负债表日前抽盘核对表

序号	品名及规格	单位	抽盘日实存数量	加：抽盘日至资产负债表日入库数量	减：抽盘日至资产负债表日发出数量	资产负债表日实存数量	资产负债表日账面数量	差异	原因分析

二、资产负债表日后抽盘核对表

序号	品名及规格	单位	抽盘日实存数量	加：资产负债表日至抽盘日发出数量	减：资产负债表日至抽盘日入库数量	资产负债表日实存数量	资产负债表日账面数量	差异	原因分析

编制说明：本表适用于抽盘日与财务报表截止日不一致的情况。

审计说明：

存货计价测试表

被审计单位：	索引号：E0971
项目：存货计价测试表	财务报表截止日/期间：
编制：	复核：
日期：	日期：

品名及规格：

存货种类	增加			减少（计价方法：　　）			结存		
	数量	单价	金额	数量	单价	金额	数量	单价	金额
期初数									
合　计									

注：本表适用于原材料、库存商品、发出商品等。

审计说明：

生产成本检查表

被审计单位：	索引号：E099
项目：生产成本检查表	财务报表截止日/期间：
编制：	复核：
日期：	日期：

车间、产品	投产数量（　　）	成本项目					完工转出（成本结转方法：　）		
		直接材料	直接人工	制造费用		合计	数量	总成本	余额
一车间　炼铁									
二车间　炼钢									
三车间　轧钢									
其中：高速线材									
螺纹钢									

审计说明：

直接材料成本检查情况表

被审计单位：　　　　　　　　　　　　索引号：　E0991

项目：　直接材料成本检查情况表　　　财务报表截止日/期间：

编制：　　　　　　　　　　　　　　　复核：

日期：　　　　　　　　　　　　　　　日期：

月份	名称及规格	金额	检查内容（用“√”、“×”表示）								附件描述
			1	2	3	4	5	6	7	8	

检查内容说明：

1. 材料耗用量与材料领料单汇总核对是否相符。
2. 材料分配汇总表中该产品分配的直接材料成本与材料耗用量核对是否相符。
3. 材料成本在不同产品间的分配标准与计算方法是否合理和适当。
4. 材料成本在某产品完工产品和在产品的分配标准与计算方法是否合理和适当。
5. 采用标准成本或定额成本的标准材料成本或定额成本的确定是否合理，材料成本差异的计算和分配是否正确。
6. 直接材料的定额成本、标准成本本期有无变化。
7. ……

审计说明：

直接人工成本检查情况表

被审计单位：________________　索引号：E0992
项目：直接人工成本检查情况表　财务报表截止日/期间：________________
编制：________________　复核：________________
日期：________________　日期：________________

月份	名称及规格	金额	检查内容（用"√"、"×"表示）								附件描述
			1	2	3	4	5	6	7	8	

检查内容说明：

1. 直接人工汇总表与应付职工薪酬、人事部门工时记录等核对是否相符。
2. 直接人工汇总表中的人工成本是否包括五险一金（养老、医疗、失业、工伤、生育险及住房公积金）及两费（工会经费及教育经费）。
3. 直接人工成本分配表与直接人工汇总表核对是否相符。
4. 直接人工成本在不同产品间的分配标准与计算方法是否合理和适当。
5. 直接人工成本在某产品完工产品和在产品中的分配标准和计算方法是否合理和适当。
6. 采用标准成本或定额成本的标准人工成本或定额成本的确定是否合理，直接人工成本差异的计算和分配是否正确。
7. 直接人工标准成本或定额成本本年度有无重大变化。
8. ……

审计说明：

制造费用明细表

被审计单位：＿＿＿＿＿＿ 索引号：E0993

项目：制造费用明细表 财务报表截止日/期间：＿＿＿＿＿＿

编制：＿＿＿＿＿＿ 复核：＿＿＿＿＿＿

日期：＿＿＿＿＿＿ 日期：＿＿＿＿＿＿

月份	制造费用明细项目										
	合计										
1月											
2月											
3月											
4月											
5月											
6月											
7月											
8月											
9月											
10月											
11月											
12月											
合计											
上期数											
变动额											
变动比例											

注：只填12月份发生额，其他月份省略。

审计说明：

制造费用检查情况表

被审计单位：	索引号：E0994
项目：制造费用检查情况表	财务报表截止日/期间：
编制：	复核：
日期：	日期：

月份	名称及规格	金额	检查内容（用"√"、"×"表示）								备注
			1	2	3	4	5	6	7	8	

检查内容说明：

1. 核算制造费用的内容及范围是否正确。
2. 制造费用汇总表与相关费用项目（如折旧费用）等核对是否相符。
3. 制造费用在不同产品间的分配标准与计算方法是否合理和适当。
4. 制造费用在某产品完工产品和在产品中的分配标准和计算方法是否合理和适当。
5. 采用标准成本法的标准制造费用的确定是否合理，制造费用差异的计算和分配是否正确。
6. 标准制造费用本年度有无重大变化。
7. 是否存在异常会计事项。
8. ……

审计说明：

货币资金审定表

被审计单位：	索引号：E011
项目：货币资金审定表	财务报表截止日/期间：
编制：	复核：
日期：	日期：

项目名称	期末未审数	账项调整		重分类调整		期末审定数	上期末审定数	索引号
		借方	贷方	借方	贷方			
库存现金								
银行存款								
其他货币资金								
合　计								

审计结论：

库存现金监盘表

被审计单位：　　　　　　　　　　　　　索引号：E012

项目：库存现金监盘表　　　　　　　　　财务报表截止日/期间：

编制：　　　　　　　　　　　　　　　　复核：

日期：　　　　　　　　　　　　　　　　日期：

检查盘点记录						实有库存现金盘点记录						
项目		项次	人民币	美元	某外币	面额	人民币		美元		某外币	
上一日账面库存余额		①				1 000元	张	金额	张	金额	张	金额
盘点日未记账传票收入金额		②				500元						
盘点日未记账传票支出金额		③										
盘点日账面应有金额		④=①+②-③				100元						
盘点实有库存现金数额		⑤				50元						
盘点日应有与实有差异		⑥=④-⑤				10元						
差异原因分析	白条抵库（张）					5元						
						2元						
						1元						
						0.5元						
						0.05元						
						0.01元						
						合计						
追溯调整	报表日至审计日库存现金付出总额											
	报表日至审计日库存现金收入总额											
	报表日库存现金应有余额											
	报表日账面汇率											
	报表日余额折合本位币金额											
本位币合计												

出纳员：　　　　会计主管人员：　　　　监盘人：　　　　检查日期：

审计结论：

对银行存款余额调节表的检查

被审计单位：	索引号：E015
项目：对银行存款余额调节表的检查	财务报表截止日/期间：
编制：	复核：
日期：	日期：

开户银行：　　　　　银行账号：　　　　　币种：

项　目	金额	调节项目说明	是否需要审计调整
银行对账单余额			
加：企业已收，银行尚未入账合计金额			
其中：1.			
2.			
减：企业已付，银行尚未入账合计金额			
其中：1.			
2.			
调整后银行对账单余额			
企业银行存款日记账余额			
加：银行已收，企业尚未入账合计金额			
其中：1.			
2.			
减：银行已付，企业尚未入账合计金额			
其中：1.			
2.			
调整后企业银行存款日记账余额			

经办会计人员（签字）：　　　　　会计主管（签字）：

审计说明：

银行存款函证结果汇总表

被审计单位：	索引号：E016
项目：银行存款函证结果汇总表	财务报表截止日/期间：
编制：	复核：
日期：	日期：

开户银行	账号	币种	函证情况					冻结、质押等事项说明	备注
			对账单余额	函证日期	回函日期	回函金额	金额差异		

审计说明：

货币资金收支检查情况表

被审计单位：______________　　索引号：E018

项目：货币资金收支检查情况表　　财务报表截止日/期间：______________

编制：______________　　复核：______________

日期：______________　　日期：______________

记账日期	凭证编号	业务内容	对应科目	金额	核对内容（用"√"、"×"表示）					备注
					1	2	3	4	5	

核对内容说明：1. 原始凭证是否齐全；2. 记账凭证与原始凭证是否相符；3. 账务处理是否正确；4. 是否记录于恰当的会计期间；5. ……

对不符事项的处理：

注：当企业规模和业务量较大时，可分库存现金、银行存款、其他货币资金科目分别使用该表，应注意修改索引号。

审计说明：

账项调整分录汇总表

被审计单位：________　　索引号：A3

项目：账项调整分录汇总表　　财务报表截止日/期间：________

编制：________　　复核：________

日期：________　　日期：________

序号	内容及说明	索引号	调整内容				影响利润表+(-)	影响资产负债表+(-)
			借方项目	借方金额	贷方项目	贷方金额		

与被审计单位的沟通：________

参加人员：________

被审计单位：________

审计项目组：________

被审计单位意见：________

结论：

是否同意上述审计调整：________

被审计单位授权代表签字：________　　日期：________

重分类调整分录汇总表

被审计单位：	索引号：A4
项目：重分类调整分录汇总表	财务报表截止日/期间：
编制：	复核：
日期：	日期：

序号	内容及说明	索引号	调整项目和金额			
			借方项目	借方金额	贷方项目	贷方金额

与被审计单位的沟通：

参加人员：

被审计单位：

审计项目组：

被审计单位意见：

结论：

是否同意上述审计调整：

被审计单位授权代表签字：　　　　　　日期：

资产负债表试算平衡表

被审计单位：________________　　索引号：A7

项目：资产负债表试算平衡表　　财务报表截止日/期间：________________

编制：________________　　复核：________________

日期：________________　　日期：________________

项目	期末未审数	账项调整		重分类调整		期末审定数	项目	期末未审数	账项调整		重分类调整		期末审定数
		借方	贷方	借方	贷方				借方	贷方	借方	贷方	
货币资金							短期借款						
交易性金融资产							交易性金融负债						
应收票据							应付票据						
应收账款							应付账款						
预付账款							预收账款						
应收利息							应付职工薪酬						
应收股利							应交税费						
其他应收款							应付利息						
存货							应付股利						
一年内到期的非流动资产							其他应付款						
其他流动资产							一年内到期的非流动负债						
可供出售金融资产							其他流动负债						
持有至到期投资							长期借款						
长期应收款							应付债券						
长期股权投资							长期应付款						
投资性房地产							专项应付款						
固定资产							预计负债						
在建工程							递延所得税负债						
工程物资							其他非流动负债						
固定资产清理							实收资本（或股本）						
无形资产							资本公积						
开发支出							盈余公积						
商誉							未分配利润						
长期待摊费用													
递延所得税资产													
其他非流动资产													
合计							合计						

利润表试算平衡表

被审计单位：________ 索引号：A8

项目：利润表试算平衡表 财务报表截止日/期间：________

编制：________ 复核：________

日期：________ 日期：________

项目		未审数	调整金额		审定数	索引号
			借方	贷方		
一、	营业收入					
	减：营业成本					
	税金及附加					
	销售费用					
	管理费用					
	财务费用					
	资产减值损失					
	加：公允价值变动损益					
	投资收益					
二、	营业利润					
	加：营业外收入					
	减：营业外支出					
三、	利润总额					
	减：所得税费用					
四、	净利润					

第四单元

学习指导与参考答案

● 一、销售与收款循环审计学习指导

（一）“营业收入”审计工作底稿

1. 营业收入审定表

（1）主营业务收入本期未审数 70 127 300.00 元，根据营业收入明细账（1—11 月份累计发生额）与 12 月份主营业务收入明细账填列。

（2）其他业务收入本期未审数 3 092 800.00 元，根据营业收入明细账（1—11 月份累计发生额）与 12 月份其他业务收入明细账填列。

（3）营业收入本期合计数 73 220 100.00 元，经核对与本期主营业务收入总账和其他业务收入总账的本期累计发生额以及利润表列报数额一致（主营业务收入总账与其他业务收入总账的 1—11 月份累计发生额合计数 66 162 300.00 元）。

（4）账项调整：普通线材本期少计收入 451 000.00 元，详见营业收入审计工作底稿主营业务收入截止测试表（H0181）；安装 C 设备少计收入 20 000.00 元，详见营业收入审计工作底稿营业收入真实性检查情况表（H016）。共调增收入 471 000.00 元。

2. 主营业务收入明细表

根据 1—11 月份发生额合计与 12 月份主营业务收入明细账填写本期数。

3. 其他业务收入明细表

根据 1—11 月份发生额与 12 月份其他业务收入明细账填写本期数。

以上两张审计工作底稿是营业收入审定表本期数的明细说明。

4. 月度毛利率分析表

此表可根据审计资料 201×-1 年、201×年各月销售情况汇总表计算填写。经分析 12 月份波动较大，因此，作为审计的重点。

5. 营业收入真实性检查表

此表审查 12 月份的全部主营业务收入和其他业务收入。根据明细账—凭证的路线，重点审查是否有高估收入的问题。本资料要求全部审查。

经审计发现 12 月 25 日（见 37 号转账凭证）为大众安装公司安装 C 设备的收入确认有误，与合同总收入不符，会计处理每期按总价款的 33% 确认收入，3 期共收 198 万元，与合同总价款差 2 万元，因此，少确认收入 20 000.00 元，做调整分录：

借：营业成本——其他业务成本　　　　15 000

在建工程——C 设备安装工程　　　　5 000

贷：营业收入——其他业务收入　　　　20 000

6. 营业收入完整性检查表

此表审查 12 月份全部主营业务收入和其他业务收入。根据凭证—明细账的路线，重点审查是否有低估收入的问题。经查没有发现问题。本资料要求抽查比例不小于 20%。

7. 主营业务收入截止测试表

此表根据 12 月份的会计资料和审计资料，测试是否存在收入跨期问题。选取接近资产负债表日 12 月末 36 号转账凭证、35 号转账凭证及 201×+1 年 1 月 3 笔业务作为测试对象。

经审计发现 201×+1 年 1 月 2 日销售给华钢工贸的 100 吨普通线材发票日期、发货日期均在 201×年 12 月份，但记账却在下一年 1 月份（详见审计资料 201×+1 年 1 月份部分收入情况汇总表）。因此，需要调整，做调整分录：

借：应收账款——华钢工贸　　　　527 670

贷：营业收入——主营业务收入　　　　451 000

应交税费——应交增值税（销项税额）　　　　76 670

（二）“应收账款”审计工作底稿

1. 应收账款审定表

（1）本期期末账面余额未审数 2 213 620.00 元，根据应收账款明细账与审计资料中的账龄填列。

（2）应收账款账面价值 1 992 258.00 元，为扣除坏账准备后的金额（应收账款所计提坏账准备数额详见坏账准备——应收账款明细账余额 221 362.00 元），经核对与资产负债表应收账款列报数额一致。

（3）账项调整：应收账款调增 527 670.00 元，详见主营业务收入截止测试表（H0181）；应补提坏账准备 404 000.00 元，详见应收账款账准备计算表（E047）。

2. 应收账款明细表

此表根据应收账款明细账和审计资料填列，其调整数为 527 670.00 元，是应收账款审定表的明细说明。

3. 应收账款函证结果汇总表

此表根据应收账款明细账以及审计资料应收账款函证情况等相关资料填写。其中，华钢工贸回函金额与企业账面余额不符，需要调节，详见应收账款函证结果调节表（E045）；大成建设公司，没有回函，需进行替代程序，详见应收账款替代测试表（E046）。

4. 应收账款函证结果调节表

根据应收账款回函情况得知，华钢工贸回函金额与企业账面余额不符，经审查发现出现不符是由于 12 月 22 日委托华钢工贸代销高速线材 300 吨，其中代销手续费 59 550.00 元（见 35 号转账凭证），华钢工贸未及时入账。

5. 应收账款替代测试表

根据应收账款回函情况得知，大成建设公司没有回函，需对大成建设公司应收账款的审计实行替代程序，本月与大成建设公司共发生两笔应收账款业务（见 18 号转账凭证、16 号银行付款凭证），经核对相关的原始凭证、记账凭证等确认无误。

6. 应收账款坏账准备计算表

应收账款坏账准备计算表

账龄	应收账款余额	注册会计师认定计提比例（见 149 页）	坏账准备
1 年以内	527 670	—	—
1～2 年	1 593 620	10%	159 362
2～3 年	100 000	50%	50 000
3 年以上	520 000	80%	416 000
合计	2 741 290		625 362

坏账准备上期审定数 96 507.40 元（见坏账准备总账）。其中，坏账准备——其他应收账款明细账余额 707.40 元，坏账准备——应收账款明细账余额 95 800.00 元（96 507.40-707.40）。根据坏账准备明细账填写。

本期确认的坏账损失 2 笔，金额分别为 38 000.00 元（见 5 号转账凭证）和 5 000.00 元（见 12 号转账凭证）。收回已确认的坏账损失 1 笔，金额为 20 000.00 元（见 6 号转账凭证）。

注册会计师认定本期应收账款应计提坏账准备 552 562.00 元（625 362-（95 800+20 000-38 000-5 000）），大华钢铁公司本期少计提 404 000.00 元（552 562-148 562）。因此，需要调整，做调整分录：

借：资产减值损失　　404 000

　贷：应收账款——坏账准备　　404 000

（三）“应交税费”审计工作底稿

1. 应交税费审定表

此表期末未审数根据应交税费明细账余额填列。

（1）应交税费期末未审数为 3 887 893.30 元，经核对与应交税费总账数以及资产负债表列报数一致。

（2）所得税调增 275 500.00 元，根据汇总错报对所得额的影响填列，详见账项调整分录汇总表（A3）（建议根据最后的审计结果填列，暂空）。

（3）增值税调增 76 670.00 元，详见主营业务收入截止测试表（H0181）。

（4）其他税种调整略。

2. 应交增值税明细表

此表根据应交增值税明细账分析填列。此表“销项税额”一栏 1 092 250.00 元，详见应交增值税销项税额测算表（F074）。

3. 应交增值税销项税额测算表

此表根据会计资料的本期销售业务分析填列。此表“合计”栏 1 168 920.00 元，详见应交增值税明细表（F073）。

4. 应交所得税测算表

调整前利润 12 664 363.64 元，根据会计资料填列；审计调整 1 102 000 元，根据“账项调整分录汇总表”（A3）填列；税务调整根据会计资料 78 笔业务填列；实际应纳所得税额 3 583 303. 13 元，是根据上述资料计算的结果。

● 二、采购与付款循环审计学习指导

（一）“固定资产”审计工作底稿

1. 固定资产审定表

（1）固定资产原价合计数为 72 304 000. 00 元，根据固定资产总账余额填列，其相关明细根据审计资料填列；累计折旧合计为 50 076 003. 90 元，根据累计折旧总账余额填列；固定资产减值准备合计为 1 258 000. 00 元，根据固定资产减值准备总账余额填列；账面价值合计数为 20 969 996. 10 元，根据上述三项合计数填列（72 304 000. 00-50 076 003. 90-1 258 000. 00），经核对，与资产负债表列报数一致。

（2）账项调整：累计折旧调减 928 000. 00 元，详见审计工作底稿折旧计算检查表（E157）；其他固定资产的错报由于低于重要性水平，故不作调整。

2. 固定资产、累计折旧及减值准备明细表

此表由于会计资料所限，只需要根据上述 3 个总账的本期发生额填列，是固定资产审定表的明细说明。

3. 固定资产盘点检查情况表

此表根据审计资料填列，由于被审计单位固定资产总账、明细账、盘点记录均相符，故略。经审查盘盈电烤炉 1 台，价值 60 000. 00 元。因此，需要做调整分录：由于错报低于重要性水平，故可不作报表调整。

借：固定资产	60 000	
贷：以前年度损益调整		60 000

4. 固定资产增加检查表

本期共发生增加固定资产业务 4 笔，应做详细（逐项）审计（见 8、10、12、57 号转账凭证）。经审查 12 月 5 日非货币交易增加的固定资产账务处理有误，固定资产的入账价值为 36 800. 00 元（36 000. 00+800. 00），因此，需要调整，做调整分录：由于错报低于重要性水平，故可不作报表调整。

借：营业成本——其他业务成本	35 000	
营业外支出	500	
应交税费——应交增值税（进项税额）	6 800	
贷：营业收入——其他业务成本		40 000
固定资产		2 300

5. 固定资产减少检查表

本期发生固定资产减少业务仅 1 笔，应做详细审计（见 24 号转账凭证），经审查无误。

6. 折旧计算检查表

为了简化教学，本教材只提供了固定资产计算折旧的部分资料，只需要测算炼铁车间厂房、炼钢车间的连铸机本期计提折旧额的正确与否。

具体折旧额的计算方法和结果，请参见教材 157 页提示。因需要冲减多计提的折旧费用，需要调整，做调整分录：

借：固定资产——累计折旧　　928 000

　贷：存货——制造费用　　928 000

（二）“应付账款”审计工作底稿

1. 应付账款审定表

（1）本期期末未审数 7 943 240.80 元，根据相关明细账余额填列；注意，其中上海钢铁集团期末余额为负数 15 397.20，经核对与总账余额以及资产负债表列报数额一致。

（2）重分类调整，山西大同矿预付账款贷方余额 35 300.00 元，详见审计工作底稿预付账款审定表（E051）；上海钢铁集团应付账款借方余额 15 397.20 元，需要作重分类调整并与审计工作底稿预付账款审定表（E051）索引。重分类调整分录：

借：预付账款——上海钢铁集团　　15 397.20

　贷：应付账款——上海钢铁集团　　15 397.20

2. 应付账款明细表

此表可根据会计资料相关明细账填列。其中，上海钢铁集团期末余额为 -15 397.20元。

3. 应付账款函证结果汇总表

没有提供函证资料，此表可略（主要考虑应付账款的函证并不是必备的审计程序）。

4. 应付账款替代测试表

没有提供函证资料，此表可略。

5. 未入账应付账款汇总表

经核对，发现本期从抚顺矿采购的煤未作暂估入账，价值 8 000.00 元（见审计资料）。建议作调整，做调整分录：

借：存货——原材料（煤）　　8 000

　贷：应付账款——抚顺矿　　8 000

但此项业务属于低于重要性水平调整业务，可不作报表调整。

（三）“预付账款”审计工作底稿

1. 预付账款审定表

（1）本期期末未审数 131 250.00 元，根据预付账款明细账以及审计资料填列，由于预付账款并未提取坏账准备，所以本期期末预付账款账面价值与账面余额一致，经核对与预付账款总账数额以及本期资产负债表列报数一致。

（2）账项调整，山西大同矿余额与函证结果不符，需调增贷方 50 000.00 元，详见审计工作底稿预付账款函证结果汇总表（E054）。

（3）重分类调整，山西大同矿借方 35 300.00 元，详见审计工作底稿预付账款函证汇总表（E054）；上海钢铁集团借方 15 397.20 元，详见应付账款审定表（F041）。同时需要作重分类调整，做调整分录：

借：预付账款——山西大同矿　　35 300

　贷：应付账款——山西大同矿　　35 300

2. 预付账款明细表

此表注意与应付账款明细表和预付账款函证结果汇总表及预付账款审定表的数字核对

相符。

3. 预付账款函证结果汇总表

根据审计资料提供的函证结果，山西大同矿回函与大华钢铁公司账面余额不符，经进一步核对，有一笔价值50 000.00元的货物已发货，但大华钢铁公司未入账。需要调整，做调整分录：

借：存货——材料采购　50 000

　贷：预付账款——山西大同矿　50 000

4. 预付账款替代测试表

对于第二次没有回函的鞍山矿预付账款余额执行替代程序，经查无误。

三、生产与存货循环审计学习指导

（一）“存货”审计工作底稿

1. 存货审定表

（1）本期末账面余额未审数26 160 615.42元，根据相关存货总账余额填列。原材料合计，6 127 189.00元（原材料5 440 139.00+辅助材料687 050.00）；周转材料，24 642.00元；库存商品合计，18 736 020.00元；自制半成品，911 136.00元；生产成本，-61 796.82元；委托加工物资，29 703.00元；发出商品，248 000.00元；材料成本差异，145 722.24元。存货账面价值，26 029 215.42元（未审数与存货跌价准备余额的差额26 160 615.42-131 400.00）。经核对，账面价值与资产负债表列报数额一致。

（2）账项调整：原材料调增1 050 000.00元，详见审计工作底稿存货抽盘核对表（E0954）；材料采购调增50 000.00元，详见审计工作底稿预付账款函证结果汇总表（E054）；库存商品调减893 770.00元，详见审计工作底稿生产成本检查表（E099）；生产成本调增893 770.00元，详见审计工作底稿生产成本检查表（E099）；生产成本调减928 000.00元，详见审计工作底稿折旧计算检查表（E157）。

2. 存货明细表

此表根据存货明细账余额填列，经核对无误。

3. 存货入库截止测试表

此表主要测试存货入库的时间是否存在跨期。根据会计资料填列，可选择接近资产负债表日部分业务进行抽查。根据对被审计单位的了解，可以选择不同的线路，明细账—入库记录，重点审查、防止提前入账的错报；入库记录—明细账，重点审查、防止延期入账的错报。经测试不存在跨期业务。根据会计资料与审计资料（201×+1年1月1日—2月25日部分存货收入、发出情况统计表）进行测试，经测试未见异常。

4. 存货出库截止测试表

此表主要测试存货出库的时间是否存在跨期，根据会计资料填列，可选择接近资产负债表日部分业务进行抽查。根据对被审计单位的了解，可以选择不同的线路，明细账—入库记录，重点审查、防止提前入账的错报；入库记录—明细账，重点审查、防止延期入账的错报。经测试不存在跨期业务。根据会计资料与审计资料（201×+1年1月1日—2月25日部分存货收入、发出情况统计表）进行测试，经测试未见异常。

5. 存货监盘结果汇总表

此表根据注册会计师的盘点结果填列（见审计资料），表中未经确认的盘点报告数为被审计单位201×年12月31日的账面数量，虽然审计盘点日为非财务报表截止日，但由于审计人员在预审时，已参与了企业盘点日的存货监盘，所以，此时审计人员是在对被审计单位201×年12月31日账面数量的基础上的数量进行抽查。

6. 存货明细账与盘点报告（记录）核对表

根据审计资料的要求，注册会计师在执行监盘的基础上，决定抽查5种材料，但考虑到盘点时间是2月25日，存在出入库的情况，因此，需要用“调节法”将盘点日的数量推算至资产负债表日。其中，高速线材¢6.5mm、螺纹钢¢12mm、石灰石3种存货按明细账—盘点报告的顺序核对；镀锌铁丝20#、工作服2种存货按盘点记录—明细账的顺序核对。

7. 存货抽盘核对表

此表填写资产负债表日后抽查核对部分，根据审计资料201×年1月1日—2月25日部分存货收入、发出情况统计表，审计工作底稿存货明细账与盘点报告（记录）核对表（E0953）填列。存在的差异，经调节除高速线材¢6.5mm盘盈300吨，需要调整外，其他均账实相符，做调整分录：

借：存货——高速线材　　　　1 050 000

　贷：管理费用　　　　1 050 000

8. 存货计价测试表

此表根据存货明细账相关会计资料和审计资料填列，抽查铁矿石、煤、锰铁、重油、普通线材、钢坯95#计价的准确性。经测试可以确认。

（二）“生产成本”审计工作底稿

1. 生产成本检查表

此表可改为按3个车间（炼铁、炼钢、轧钢）或2种产成品（高速线材、螺纹钢）进行成本的复算，检查成本计算的准确性。

2. 直接材料成本检查情况表

此表主要检查费用的归集与分配情况，应根据成本计算的会计资料进行检查，将本月生产领料业务（见2、31、42号转账凭证）合计金额12 079 146.90元与生产成本计算单（3个车间）本期直接材料项目合计数核对，经审查无误。

3. 直接人工成本检查情况表

此表主要检查费用的归集与分配情况，应根据成本计算的会计资料进行检查，将本月应付职工薪酬业务（见43号转账凭证），金额合计520 866.00元与生产成本计算单（3个车间）本期直接人工、其他直接支出项目合计数核对，经审查无误。

4. 制造费用明细表

由于受所给会计资料的限制，教材提供了本月制造费用明细表，可按3个车间分别填列或按月份填列此表。

5. 制造费用检查情况表

此表根据制造费用的项目与原始凭证、记账凭证等核对，并进行检查。将本月制造费用业务（见4、27、42、43、45、46号转账凭证，5、30号银行存款付款凭证），金额合计 1 435 298. 28 元与生产成本计算单（3 个车间）制造费用项目合计数核对，经审查无误。

6. 生产成本审计复算结果

一车间（炼铁）成本计算：

①“期初在产品成本”一栏应根据期初“生产成本”明细账余额（详见 9 页 201×年 12 月 1 日“生产成本”明细账余额）填列。

②本期成本费用为本期生产所消耗的各成本项目支出金额。其中：本期所消耗的直接材料金额为炼铁车间本期所领用材料的计划成本与材料成本差异合计数，具体金额详见 2、31、42 号转账凭证；本期直接人工支出为应付炼铁车间工人的基本薪酬，具体金额详见 43 号转账凭证；本期所发生的其他支出为应付炼铁车间工人的劳动保险，具体金额详见 43 号转账凭证；本期所发生的制造费用金额详见 47 号转账凭证。

③（3）=（1）+（2）

④（4）=本月完工产量（5 200 吨）×（5）

⑤（5）=（3）÷（本月完工产量+在产品约当产量）

⑥（6）=（3）-（4）

⑦经复算，一车间（炼铁）成本计算无误。

二车间（炼钢）成本计算：

①“期初在产品成本”一栏应根据期初“生产成本”明细账余额（详见 9 页 201×年 12 月 1 日“生产成本”明细账余额）填列。

②本期成本费用为本期生产所消耗的各成本项目支出金额。其中：本期所消耗的直接材料金额为炼钢车间本期所耗用的炼铁车间直接转入本步骤金额（10 246 964. 00 元）以及所领用材料的计划成本与材料成本差异合计数，具体金额详见 2、31、42 号转账凭证；本期直接人工支出为应付炼钢车间工人的基本薪酬，具体金额详见 43 号转账凭证；本期所发生的其他支出为应付炼钢车间工人的劳动保险，具体金额详见 43 号转账凭证；本期所发生的制造费用金额详见 47 号转账凭证。

③（3）=（1）+（2）

④（4）=本月完工产量（5 200 吨）×（5）

⑤（5）=（3）÷（本月完工产量+在产品约当产量）

⑥（6）=（3）-（4）

⑦经复算，二车间（炼钢）成本计算无误。

三车间（轧钢）成本计算：

①“期初在产品成本”一栏应根据期初“生产成本”明细账余额（详见 9 页 201×年 12 月 1 日“生产成本”明细账余额）填列。

②本期成本费用为本期生产所消耗的各成本项目支出金额。其中：本期所消耗的直接材料金额为轧钢车间本期所耗用的炼钢车间直接转入本步骤金额（12 958 400. 00 元）以及所领用材料的计划成本与材料成本差异合计数，具体金额详见 2、31、42 号转账凭证；本期直接人工支出为应付轧钢车间工人的基本薪酬，具体金额详见 43 号转账凭证；本期所发生的其他支出为应付轧钢车间工人的劳动保险，具体金额详见 43 号转账凭证；本期所发生的制造费用金额详见 47 号转账凭证。

③（3）=（1）+（2）

④（4）=（3）÷（本月完工产量+在产品约当产量）

⑤（5）=3 030×（4）

⑥（6）=（3）-（5）

⑦经复算，第三车间直接人工单位成本计算有误，正确的计算结果为46.10元，相应的数据应该调整。更正后成本计算单见下表：

三车间（轧钢）成本计算单

单位：元

完工产量：5 000吨

在产品量：50吨

成本项目	期初在产品成本（1）	本期成本费用（2）	成本费用合计（3）	单位成本（4）	高速线材生产费用合计（5）	螺纹钢生产费用合计（6）
直接材料	65 400.00 其中： 半成品成本 60 000.00	12 958 400.00 （上步骤转入） 2 910 000.00 +81 771.00 （差异）	16 015 571.00 其中： 半成品成本 13 018 400.00	3 171.40 其中： 半成品成本 2 577.90	9 609 342.00 其中： 半成品成本 7 811 037.00	6 406 229.00 其中： 半成品成本 5 207 363.00
直接人工	30 800.00	202 000.00	232 800.00	46.10	139 683.00	93 117.00
其他直接支出	4 312.00	28 280.00	32 592.00	6.45	19 543.50	13 048.50
制造费用	58 188.00	579 017.28	637 205.28	126.18	382 325.40	254 879.88
合计	158 700.00	16 759 468.28	16 918 168.28	3 350.13	10 150 893.90	6 767 274.38

三车间高速线材成本计算：

①（1）按照三车间（轧钢）成本计算单（5）填列。

②（2）=3 000×（3）

③（3）按照三车间（轧钢）成本计算单（4）填列。

④（4）=（1）-（2）

⑤三车间成本计算单中，合计栏高速线材10 132 713.90元和螺纹钢6 785 454.38元转入三车间高速线材和螺纹钢成本计算单时发生错误，不应将合计数作为直接材料项目，而应该按相应的成本项目结转。经复算更正后成本计算单见下表：

三车间高速线材成本计算单

单位：元

完工产量：3 000吨

规格：¢6.5mm　　在产品量：30吨

成本项目	本月成本费用合计（1）	完工产品总成本（2）	完工产品单位成本（3）	月末在产品成本（4）
直接材料	9 609 342.00	9 514 200.00	3 171.40	95 142.00
直接人工	139 683.00	138 300.00	46.10	1 383.00
其他直接支出	19 543.50	19 350.00	6.45	193.50
制造费用	382 325.40	378 540.00	126.18	3 785.40
合计	10 150 893.90	10 050 390.00	3 350.13	100 503.90

三车间螺纹钢成本计算：

①（1）按照三车间（轧钢）成本计算单（6）填列。

②（2）= 2 000×（3）

③（3）按照三车间（轧钢）成本计算单（4）填列。

④（4）=（1）-（2）

⑤经复算，正确的计算结果为：高速线材 10 050 390.00 元；螺纹钢 6 700 260.00 元。与会计资料结转的完工产品成本（见 48 号转账凭证）相比较，由于计算错误多转完工成本 893 770.00 元。需要调整，做调整分录：

借：存货——生产成本　　893 770

　贷：存货——库存商品　　893 770

更正后成本计算单见下表：

三车间螺纹钢成本计算单

单位：元

完工产量：2 000 吨

规格：¢12mm　　在产品量：20 吨

成本项目	本期成本费用合计（1）	完工产品总成本（2）	单位成本（3）	月末在产品成本（4）
直接材料	6 406 229.00	6 342 800.00	3 171.40	63 429.00
直接人工	93 117.00	92 200.00	46.10	917.00
其他直接支出	13 048.50	12 900.00	6.45	148.50
制造费用	254 879.88	252 360.00	126.18	2 519.88
合计	6 767 274.38	6 700 260.00	3 350.13	67 014.38

● 四、货币资金审计学习指导

1. 货币资金审定表

本期末未审数 6 202 696.73 元，根据相关货币资金总账余额填列，经核对与本期资产负债表列报数一致。

2. 库存现金监盘表

此表“实有库存现金盘点记录”根据审计资料填列，实有数按票面值填列，合计为：55 672.29 元。“上一日账面库存余额”为 58 990.00 元；“盘点日未记账传票收入金额”为 1 805.36 元；“盘点日未记账传票支出金额”3 500.00 元；“盘点日账面应有金额”为 57 295.36 元；“盘点日应有与实有差异”-1 623.07 元。差异原因是未经批准的借据 2 500元与出纳员长款 876.93 元之差。

“追溯调整”58 990.00+72 895.30-115 735.30=16 150.00 元，经调节与现金总账余额相符。

经审计，存在的主要问题有白条抵库、出纳员越权、库存现金超限额。

3. 银行存款余额调节表的检查

此表应根据审计资料的部分银行存款对账单，与企业银行存款日记账对账的结果填列。由于银行存款业务较多，只选取了 12 月 20—31 日的业务，经核对发现未达账项 2 笔，企业收到租金 12 800.00 元，银行未记账；银行已收 1 353 000.00 元，企业未收。经调节后的余额为 7 369 546.73 元，两者相符。

4. 银行存款函证结果汇总表

此表函证银行存款与银行借款。回函结果表明银行存款对账单金额可以确认；银行借款本期 3 笔银行借款回函金额 12 306 000.00 元，与企业账面记录 12 368 490.00 元核对的结果相差 62 490.00 元，进一步核对账目确认为长期借款利息，银行未入账。经调节后两者相符。

5. 货币资金收支检查情况表

此表可根据会计资料中货币资金收支业务抽查并核对。

● 五、审计完成阶段学习指导

（一）调整事项

经与被审计单位管理层沟通，同意对账项调整分录汇总表中的错报进行调整。

1. 错报汇总

（1）“营业收入”少计 471 000.00 元，其中工程合同收入 20 000.00 元；销售普通线材 100 吨，单价 4 510.00 元，货款 451 000.00 元，“应交税费——应交增值税”少计 76 670.00元。

借：应收账款——华钢工贸　527 670
　贷：营业收入——主营业务收入　451 000
　　　应交税费——应交增值税（销项税额）　76 670
借：营业成本——其他业务成本　15 000
　　在建工程——C 设备安装工程　5 000
　贷：营业收入——其他业务收入　20 000

（2）“应收账款”少提坏账准备 404 000.00 元。

借：资产减值损失——坏账准备　404 000
　贷：应收账款——坏账准备　404 000

（3）12 月 31 日收到山西大同矿价值 50 000.00 元货物，因发票账单未到应暂估入账处理。

借：存货——原材料　50 000
　贷：预付账款　50 000

“预付账款——山西大同矿”账户的期末余额为-35 300.00 元（14 700-50 000），已经是应付账款性质，所以应作“预付账款”和“应付账款”的重分类调整：

借：预付账款——山西大同矿　35 300
　贷：应付账款——山西大同矿　35 300

（4）存货盘盈 1 050 000.00 元（300×3 500）。

借：存货——原材料　1 050 000
　贷：管理费用　1 050 000

（5）固定资产少计 57 700.00 元（60 000－2 300）。

①借：固定资产　60 000

　贷：以前年度损益调整　60 000

②借：营业成本——其他业务成本　35 000

　营业外支出　500

　应交税费——应交增值税（进项税额）　6 800

　贷：营业收入——其他业务成本　40 000

　　固定资产　2 300

注：固定资产多计 2 300.00 元，低于重要性水平，属于未调整账项。

（6）多计提固定资产折旧 928 000.00 元（408 000+520 000）。

借：固定资产——累计折旧　928 000

　贷：存货　928 000

（7）应付账款未入账 8 000.00 元（低于重要性水平，属于未调整账项）。

借：存货——原材料（煤）　8 000

　贷：应付账款——抚顺煤矿　8 000

（8）上海钢铁集团应付账款为借方余额，属于预付账款，应作重分类调整。

借：预付账款——上海钢铁集团　15 397.20

　贷：应付账款——上海钢铁集团　15 397.20

（9）多转生产成本 893 770.00 元。

借：存货——生产成本　893 770

　贷：存货——库存商品　893 770

2. 对利润的影响

（1）收入增加 471 000.00 元。

（2）成本、费用及损益增加－631 000.00 元（404 000+15 000－1 050 000）。

（3）利润增加 1 102 000.00 元（471 000+631 000）。

3. 对利润分配的影响

（1）所得税增加 275 500.00 元（1 102 000×25%）。

借：所得税费用　275 500

　贷：应交税费——应交所得税　275 500

（2）盈余公积增加 206 625.00 元（（1 102 000－275 500）×25%）。

借：利润分配——提取盈余公积　206 625

　贷：盈余公积　206 625

（3）应付股利增加 82 650.00 元（（1 102 000－275 500）×10%）。

借：利润分配——应付股利　82 650

　贷：应付股利　82 650

（4）调整未分配利润

借：利润分配——未分配利润　289 275

　贷：利润分配——提取盈余公积　206 625

　　　　——应付股利　82 650

(二)资产负债表试算平衡表

资产负债表试算平衡表

被审计单位:______ 索引号:______
项目: 资产负债表试算平衡表 财务报表截止日/期间:______
编制:______ 复核:______
日期:______ 日期:______

项目	期末未审数	账项调整		重分类调整		期末审定数	项目	期末未审数	账项调整		重分类调整		期末审定数
		借方	贷方	借方	贷方				借方	贷方	借方	贷方	
货币资金	6 202 696.73					6 202 696.73	短期借款	5 350 000.00					5 350 000.00
交易性金融资产	120 000.00					120 000.00	交易性金融负债						
应收票据	2 521 680.00					2 521 680.00	应付票据	1 925 480.00					1 925 480.00
应收账款	1 992 258.00	527 670.00	404 000.00			2 115 928.00	应付账款	7 943 240.80				50 697.20	7 993 938.00
预付款项	131 250.00		50 000.00	50 697.20		131 947.20	预收款项	4 289 700.00					4 289 700.00
应收利息	50 000.00					50 000.00	应付职工薪酬	2 539 269.06					2 539 269.06
应收股利							应交税费	3 887 893.30		352 170.00			4 240 063.30
其他应收款	25 428.55					25 428.55	应付利息	-4 450.00					-4 450.00
存货	26 029 215.42	1 993 770.00	1 821 770.00			26 201 215.42	应付股利	1 151 742.04		82 650.00			1 234 392.04
一年内到期的非流动资产							其他应付款	474 204.12					474 204.12
其他流动资产							一年内到期的非流动负债						
可供出售金融资产							其他流动负债						
持有至到期投资	701 600.00					701 600.00	长期借款	7 018 490.00					7 018 490.00
长期应收款							应付债券	1 050 000.00					1 050 000.00
长期股权投资	475 000.00					475 000.00	长期应付款	1 255 875.00					1 255 875.00
投资性房地产							专项应付款						
固定资产	20 969 996.10	928 000.00				21 897 996.10	预计负债	260 000.00					260 000.00
在建工程	2 099 884.44	5 000.00				2 104 884.44	递延所得税负债						
工程物资	40 000.00					40 000.00	其他非流动负债						
固定资产清理							实收资本(或股本)	5 000 000.00					5 000 000.00
无形资产	251 453.33					251 453.33	资本公积	1 100 000.00					1 100 000.00
开发支出							盈余公积	9 003 389.26		206 625.00			9 210 014.26
商誉							未分配利润	9 450 395.66	289 275.00	826 500.00			9 987 620.66
长期待摊费用	84 766.67					84 766.67							
递延所得税资产													
其他非流动资产													
合计	61 695 229.24	3 454 440.00	2 275 770.00	50 697.20	—	62 924 596.44	合计	61 695 229.24	289 275.00	1 467 945.00	—	50 697.20	62 924 596.44

（三）利润表试算平衡表

利润表试算平衡表

被审计单位：＿＿＿＿＿＿＿＿　　索引号：＿＿＿＿＿＿＿＿

项目：　利润表试算平衡表　　财务报表截止日/期间：＿＿＿＿＿＿＿＿

编制：＿＿＿＿＿＿＿＿　　复核：＿＿＿＿＿＿＿＿

日期：＿＿＿＿＿＿＿＿　　日期：＿＿＿＿＿＿＿＿

项目		未审数	调整金额		审定数	索引号
			借方	贷方		
一、	营业收入	73 220 100.00		471 000.00	73 691 100.00	H0181
	减：营业成本	45 354 170.03	15 000.00		45 369 170.03	
	税金及附加	11 034 177.20			11 034 177.20	H016
	销售费用	537 875.00			537 875.00	
	管理费用	5 854 116.47		1 050 000.00	4 804 116.47	E0954
	财务费用	6 925 365.87			6 925 365.87	
	资产减值损失	154 641.05	404 000.00		558 641.05	E047
	加：公允价值变动损益					
	投资收益	9 190 000.00			9 190 000.00	
二、	营业利润	12 549 754.38	419 000.00	1 521 000.00	13 651 754.38	
	加：营业外收入	964 463.50			964 463.50	
	减：营业外支出	849 854.24			849 854.24	
三、	利润总额	12 664 363.64	419 000.00	1 521 000.00	13 766 363.64	
	减：所得税费用	3 307 803.13	275 500.00		3 583 303.13	
四、	净利润	9 356 560.51	694 500.00	1 521 000.00	10 183 060.51	

审计工作结束后，对上述错报进行汇总、分类，共分为三类，分别填列如下：

1. 账项调整分录汇总表

此表是对需要调整错报进行汇总，共7笔，应从不同的工作底稿中汇总索引而来，详见审计工作底稿（H0181、H016、E047、E054、E0954、E157、E099），经计算，上述错报对利润表的影响额调增1 102 000元；对资产负债表的影响额调增1 178 670元。

在此基础上最终确定对所得税的影响275 500元，同时需要调整，编制调整分录：（见教材267页调整事项）。同时，填列应交税费审计工作底稿对所得税影响数，详见审计工作底稿应交税费审定表（F071）。

2. 重分类调整分录汇总表

此表是对需要重分类调整进行汇总，共2笔，应从不同的工作底稿中汇总索引而来，详见审计工作底稿预付账款审定表（E051）和应付账款审定表（F041）。

3. 未更正错报汇总表

此表是对不需调整错报进行汇总，共3笔，应从不同的工作底稿中汇总索引而来，详见审计工作底稿固定资产盘点检查表（E153）、固定资产增加检查表（E154）、未入账的应付账款汇总表（F047）。

4. 资产负债表试算平衡表

编制调整后的资产负债表，根据上述全部审计结果，按资产负债表各项目审定表的调整结果填列。最终体现“未分配利润”项目增加537 225元（（1 102 000-275 500）×65%）。

5. 利润表试算平衡表

编制调整后的利润表，根据上述全部审计结果，按利润表各项目审定表的调整结果填列。营业收入为全年数73 691 100元（1—11月主营业务收入64 842 300+1—11月其他业务收入1 320 000+12月主营业务收入5 285 000+12月其他业务收入1 772 800+调整金额471 000）。其中：管理费用、资产减值损失、所得税项目均有调整。审计后的净利润增加826 500. 00元（1 102 000-275 500）。

索 引

本书中201×年12月份经济事项共计83笔，涉及记账凭证143个。为方便读者使用，现整理如下：

1. 转账凭证（98个）

转字1号 P36	业务1：报销差旅费（现收1号、收据、报销单）
转字2号 P40	业务3：生产领用材料（领料单）
转字3号 P43	业务6：预付货款焦炭到货（增值税发票、运输发票）
转字4号 P45	业务7：领用辅助材料（领料汇总记录）
转字5号 P46	业务8：确认坏账（银收2号、坏账核销单、进账单）
转字6号 P46	业务8：同上
转字7号 P48	业务9：销售螺纹钢（银付4号、运输发票、银行托收承付回单、出库单、增值税发票、转账支票存根）
转字8号 P51	业务10：融资租赁（融资租赁合同书）
转字9号 P55	业务12：购入镀锌铁丝（银付6号、普通发票、增值税发票、银行信汇）
转字10号 P57	业务13：非货币性交易（非货币性交易协议书、银行进账单、出库单、固定资产验收单）
转字11号 P59	业务14：购入铁锰
转字12号 P60	业务15：债务重组（银付7号、收费收据、债务重组协议）
转字13号 P62	业务16：购入机油（银付8号、增值税发票）
转字14号 P68	业务21：购买焦炭（银付12号、增值税发票、车队出车单）
转字15号 P68	业务21：同上
转字16号 P69	业务22：购入铁矿石（银付13号、运输发票、增值税发票、收料单）
转字17号 P73	业务23：签发商业汇票（商业承兑汇票）
转字18号 P76	业务27：销售螺纹钢（银付16号、运输发票、银行托收凭证、增值税发票、出库单）
转字19号 P78	业务28：发工资（银付17号、工资结算汇总表）
转字20号 P79	业务29：销售螺纹钢（销售合同、增值税发票、出库单）
转字21号 P83	业务31：委托加工（银付19号、普通发票、委托加工合同、增值税发票）

续表

转字 22 号 P85	业务 33：购入石灰石（运输发票、增值税发票、收料单）
转字 23 号 P87	业务 34：捐赠电脑（捐赠说明书）
转字 24 号 P90	业务 37：固定资产清理（银收 6 号、固定资产报废申请书、普通发票、银行进账单）
转字 25 号 P93	业务 38：购入重油（车队出车单、商业汇票、增值税发票、收料单）
转字 26 号 P95	业务 39：调剂销售废钢（银收 7 号、银行进账单、增值税发票、出库单）
转字 27 号 P97	业务 40：领用保护品（领用保护品记录）
转字 28 号 P99	业务 42：代销高速线材（代销协议、出库单）
转字 29 号 P100	业务 43：向银行贴现（银收 8 号、贴现凭证）
转字 30 号 P102	业务 45：锅炉扩建（银付 23、24 号、收费收据、普通发票）
转字 31 号 P104	业务 47：领用材料（领料记录）
转字 32 号 P106	业务 50：销售折扣（银收 10 号、银行进账单）
转字 33 号 P106	业务 51：委托加工完工入库
转字 34 号 P107	业务 52：债务重组（银付 26 号、债务重组协议）
转字 35 号 P108	业务 53：收到代销清单（商品代销清单、增值税发票）
转字 36 号 P110	业务 54：销售普通线材（银付 27 号、银行承兑汇票、增值税发票、出库单、转账支票存根、运输发票）
转字 37 号 P113	业务 56：安装设备合同（销售安装合同）
转字 38 号 P118	业务 61：收到租金（银收 11 号、银行进账单、租赁合同、收款收据）
转字 39 号 P120	业务 62：诉讼案件
转字 40 号 P120	业务 63：税务机关审查（税务稽查报告）
转字 41 号 P122	业务 64：持有至到期投资利息及摊销
转字 42 号 P123	业务 65：结转材料成本差异（材料成本差异计算表）
转字 43 号 P124	业务 66：分配工资（应付职工薪酬、工会、教育经费计算表）
转字 44 号 P127	业务 67：计提坏账准备（坏账准备计算表）
转字 45 号 P127	业务 68：计提固定资产折旧（固定资产折旧计算表）
转字 46 号 P129	业务 69：分配辅助生产费用（辅助生产费用分配表）
转字 47 号 P131	业务 70：分配制造费用（制造费用明细表）
转字 48 号 P132	业务 71：成本计算（各车间产量记录、成本计算单）
转字 49 号 P135	业务 72：计算利息费用（利息费用计算表）
转字 50 号 P135	业务 73：摊销无形资产、待摊费用（无形资产、待摊费用计算表）
转字 51 号 P136	业务 74：计提资产减值准备（资产减值准备计算表）
转字 52 号 P137	业务 75：摊销未确认融资费用

续表

转字 53 号 P137	业务 76：结转已售产品成本（产品成本计算表）
转字 54 号 P138	业务 77：计算各项流转税（流转税计算表）
转字 55 号 P138	业务 78：纳税调整
转字 56 号 P140	业务 79：会计估计、会计政策变更（固定资产折旧累计影响额）
转字 57 号 P140	业务 80：年末固定资产、存货盘点（固定资产、存货盘点表）
转字 58 号 P141	业务 80：同上
转字 59 号 P142	业务 80：同上
转字 60 号 P143	业务 81：计算利润总额
转字 61 号 P143	业务 81：同上
转字 62 号 P144	业务 82：纳税调整及计算所得税
转字 63 号 P145	业务 83：利润分配（利润分配计算表）

2. 付款凭证（33 个）

（1）现金付款凭证

现付 1 号 P84	业务 32：发放困难补助（银付 20 号、困难补助明细、现金支票存根）
现付 2 号 P105	业务 48：现金支付上月工资（现金支出凭单）
现付 3 号 P115	业务 59：预借差旅费（现金支出凭单、借据）

（2）银行付款凭证

银付 1 号 P38	业务 2：建造锅炉（银收 1 号、银行贷款凭证、长期借款申请书、转账支票存根、工程合同）
银付 2 号 P40	业务 4：申请银行汇票（银行汇票委托书）
银付 3 号 P41	业务 5：股权转让（股权转让协议）
银付 4 号 P48	业务 9：销售螺纹钢（转字 7 号、运输发票、银行托收承付回单、增值税发票、出库单、转账支票存根）
银付 5 号 P54	业务 11：付上月电话费（电话费记录、收费收据、银行委托收款凭证）
银付 6 号 P55	业务 12：购入镀锌铁丝（转字 9 号、普通发票、增值税发票、银行信汇）
银付 7 号 P61	业务 15：债务重组（转字 12 号、收费收据、债务重组协议）
银付 8 号 P62	业务 16：购入机油（转字 13 号、增值税发票）
银付 9 号 P63	业务 17：石油公司转来单据（石油公司发票、银行对账单）
银付 10 号 P65	业务 18：预付消防费（收费收据、保险发票）
银付 11 号 P66	业务 20：购买公司债券（债券代管凭证、转账支票存根）
银付 12 号 P67	业务 21：购买焦炭（转字 14、15 号、增值税发票、车队出车单）
银付 13 号 P69	业务 22：购入铁矿石（转字 16 号、运输发票、增值税发票、收料单）
银付 14 号 P74	业务 24：付车辆年检费（收据）

续表

银付 15 号 P74	业务 25：提现金
银付 16 号 P75	业务 27：销售螺纹钢（转字 18 号、运输发票、银行托收凭证、增值税发票、出库单）
银付 17 号 P78	业务 28：发工资（转字 19 号、工资结算汇总表）
银付 18 号 P81	业务 30：上缴上月税费（税收缴款书）
银付 19 号 P82	业务 31：委托加工（转字 21 号、普通发票、委托加工合同、增值税发票）
银付 20 号 P84	业务 32：发放困难补助（现付 1 号、困难补助明细、现金支票存根）
银付 21 号 P90	业务 36：支付税收滞纳金（税务局罚款通知）
银付 22 号 P98	业务 41：购入电脑（普通发票）
银付 23 号 P102	业务 45：锅炉扩建（转字 30 号、收费收据、普通发票）
银付 24 号 P102	业务 45：同上
银付 25 号 P103	业务 46：外购专利权（事业单位收据）
银付 26 号 P107	业务 52：债务重组（转字 34 号、债务重组协议）
银付 27 号 P110	业务 54：销售普通线材（转字 36 号、银行承兑汇票、增值税发票、运输发票、出库单、转账支票存根）
银付 28 号 P113	业务 57：收到借款利息通知（银行贷款利息回单）
银付 29 号 P114	业务 58：电费通知（增值税发票、银行委托凭证）
银付 30 号 P116	业务 60：水费通知单（耗水费用分配表、增值税发票、银行委托凭证）

3. 收款凭证（12 个）

现收 1 号 P37	业务 1：报销差旅费（转字 1 号、收据、报销单）
银收 1 号 P38	业务 2：建造锅炉（银付 1 号、银行贷款凭证、长期借款申请书、转账支票存根、工程合同）
银收 2 号 P47	业务 8：确认坏账（转字 5、6 号、坏账核销单、进账单）
银收 3 号 P66	业务 19：兑付国库券（银行进账单）
银收 4 号 P75	业务 26：收到货款（银行委托收款）
银收 5 号 P88	业务 35：销售自制半成品（银行进账单、增值税发票、出库单）
银收 6 号 P91	业务 37：固定资产清理（转字 24 号、固定资产报废申请书、普通发票、银行进账单）
银收 7 号 P95	业务 39：调剂销售废钢（转字 26 号、银行进账单、增值税发票、出库单）
银收 8 号 P100	业务 43：向银行贴现（转字 29 号、贴现凭证）
银收 9 号 P101	业务 44：收到银行利息（银行利息计算清单）
银收 10 号 P105	业务 50：销售折扣（转字 32 号、银行进账单）
银收 11 号 P118	业务 61：收到租金（转字 38 号、银行进账单、租赁合同、收款收据）

4. 会计资料——明细账（50个）

序号	明细账	页码
1	其他应收款——备用金	P9
2	应收账款——为民钢材公司	P9
3	应收账款——华钢工贸	P9
4	应收账款——大成建设	P9
5	应收账款——前程建设	P10
6	应收账款——沈阳漫源	P10
7	应收账款——光彩矿石	P10
8	坏账准备——应收账款	P10
9	坏账准备——其他应收款	P11
10	应付账款——山西大同矿	P11
11	应付账款——长江公司	P11
12	应付账款——上海钢铁集团	P11
13	应付账款——华钢工贸	P11
14	预付账款——鞍山矿	P12
15	预付账款——山西大同矿	P12
16	应交税费——应交增值税	P12
17	主营业务收入——螺纹钢	P12
18	主营业务收入——钢坯	P12
19	主营业务收入——高速线材	P13
20	主营业务收入——普通线材	P13
21	其他业务收入——销售安装C工程	P13
22	其他业务收入——废钢调剂销售	P13
23	其他业务收入——房租收入	P13
24	库存现金日记账	P14
25	银行存款日记账	P14
26	原材料明细账——石灰石	P15
27	原材料明细账——铁矿石	P15
28	原材料明细账——煤	P15
29	原材料明细账——废钢6～8mm	P16
30	原材料明细账——焦炭	P16
31	原材料明细账——锰铁65#	P16

续表

序号	明细账	页码
32	原材料明细账——硅铁 72#	P16
33	原材料明细账——重油	P17
34	原材料明细账——白云石	P17
35	原材料明细账——中轧辊	P17
36	原材料明细账——镀锌铁丝 20#	P17
37	原材料明细账——镀锌铁丝 16#	P18
38	原材料明细账——机油美孚合成 1#	P18
39	周转材料明细账——劳动保护用品（工作服）	P18
40	周转材料明细账——劳动保护用品（工作鞋）	P18
41	周转材料明细账——劳动保护用品（手套）	P18
42	周转材料明细账——劳动保护用品（保护眼镜）	P18
43	周转材料明细账——劳动保护用品（毛巾）	P18
44	库存商品明细账——高速线材 6.5mm	P19
45	库存商品明细账——普通线材 8mm	P20
46	库存商品明细账——螺纹钢 12mm	P20
47	库存商品明细账——螺纹钢 25mm	P20
48	库存商品明细账——花纹板 30mm	P20
49	自制半成品明细账——钢坯 95#	P21
50	自制半成品明细账——钢坯 120#	P21

5. 会计资料——总账（52 个）

序号	总账	页码
1	库存现金	P21
2	银行存款	P21
3	其他货币资金	P22
4	交易性金融资产	P22
5	应收票据	P22
6	其他应收款	P22
7	应收账款	P23
8	坏账准备	P23
9	应收利息	P23
10	预付账款	P23

续表

序号	总账	页码
11	材料采购	P24
12	库存商品	P24
13	发出商品	P24
14	原材料	P24
15	材料成本差异	P25
16	自制半成品	P25
17	生产成本	P25
18	周转材料	P25
19	委托加工物资	P26
20	存货跌价准备	P26
21	长期待摊费用	P26
22	工程物资	P26
23	在建工程	P27
24	长期股权投资	P27
25	持有至到期投资	P27
26	长期股权投资减值准备	P27
27	无形资产	P28
28	累计摊销	P28
29	无形资产减值准备	P28
30	固定资产清理	P28
31	固定资产	P29
32	累计折旧	P29
33	固定资产减值准备	P29
34	短期借款	P29
35	应付账款	P30
36	应付票据	P30
37	应付职工薪酬	P30
38	应交税费	P30
39	其他应付款	P31
40	预收账款	P31
41	应付利息	P31

续表

序号	总账	页码
42	应付股利	P31
43	预计负债	P32
44	长期借款	P32
45	长期应付款	P32
46	未确认融资费用	P32
47	实收资本	P33
48	资本公积	P33
49	盈余公积	P33
50	主营业务收入	P33
51	其他业务收入	P33
52	利润分配	P34

6. 会计资料——其他（11 个）

序号	其他会计资料	页码
1	201×年 12 月 31 日资产负债表	P2 ~ P3
2	201×年度利润表	P4
3	201×年 12 月 1 日资产负债表账户余额	P4 ~ P6
4	201×年 11 月 30 日利润表本年累计发生额	P6
5	201×年 1—11 月营业收入明细表	P7
6	201×年 12 月 1 日原材料、辅助材料明细账余额	P8
7	201×年 12 月 1 日周转材料明细账余额	P8
8	201×年 12 月 1 日库存商品、自制半成品明细账余额	P8
9	201×年 12 月 1 日生产成本明细账余额	P9
10	201×年 12 月 31 日总账余额表	P34
11	201×年度损益类账户发生额	P36